Candace Carter

Blütenlese

Bibliografische Information der Deutschen Nationalbibliothek:
Die Deutsche Nationalbibliothek verzeichnet diese Publikation in der Deutschen Nationalbibliografie; detaillierte bibliografische Daten sind im Internet über http://dnb.dnb.de abrufbar.

Verlag: BoD · Books on Demand GmbH, In de Tarpen 42, 22848 Norderstedt
Druck: Libri Plureos GmbH, Friedensallee 273, 22763 Hamburg
ISBN: 978-3-7583-2238-9

For my brother Jared Carter
In yonder valley there flows sweet union

Be a feather on the scale
It's the only power God gives us in this world
And it makes a difference

Inhalt / Contents

Introduction

Before and into the 18th century, the term "Blütenlese" (as in the collecting of blossoms) defined a chosen selection of works from one or more authors. Later the word "anthology" was more widely used in reference to this genre. I took a liking to the older term and decided to name this collection of essays, stories, reflections and publications of the last thirty years "Blütenlese". Some may know me as a fine arts artist, but just to set the story straight: Long before I ever picked up a brush to paint, I have been writing.

I liked to draw as a child but not nearly as much as I loved to write. Coming to Germany at the age of nineteen, I wished to study. Unfortunately, as I was not in the possession of the German "Abitur" (high school diploma) many fields were not open to me. When I discovered I could study Fine Arts on the Hamburg Academy, I thought, why not give it a try? Now, at the age of 73, I have been working free-lance in the field for over forty years. The fact that I also write, is not as widely known.

Writing became the center of my work around 2015 as I began my first novel. "We Save the World" ist Part 1 of the trilogy "New News from the West". I published the novel in German, but the English version, along with the second book of the trilogy, "Sequence" (in English) are waiting in line, since I decided to first publish "Blütenlese".

In "Blütenlese", some of the texts are in English, others in German and several I have written in both languages. The art work dates back to the Nineties.

There are no limits as to how the creative process can manifest. I am of the opinion, that through time, artists' works have usually centered around the themes of love, meaning and death.

At this point in my life, I find writing the most appropriate form to address these themes.

Vorwort

„Blütenlese" war bis ins 18. Jahrhundert die Bezeichnung für ausgewählte Werke von einzelnen oder mehreren Literat:innen. Später setzte sich der Begriff „Anthologie" durch, um diese Art der Literaturgattung zu umschreiben. Doch mir gefiel „Blütenlese" als Titel für diese Auswahl von Essays, Geschichten und Publikationen aus den letzten dreißig Jahren. Viele kennen mich als bildende Künstlerin, doch um die Sache klarzustellen: Lange bevor ich je einen Pinsel in die Hand nahm, schrieb ich.

Ich zeichnete auch gerne als Kind, doch nie mit der gleichen Intensität wie ich schrieb. Als ich mit neunzehn Jahren nach Deutschland kam, wollte ich studieren. Aber ohne deutsches Abitur waren viele Studiengänge ausgeschlossen. Doch das Studium der freien Kunst an der Akademie in Hamburg war möglich. Also, dachte ich, warum nicht? Jetzt, mit dreiundsiebzig, bin ich seit über vierzig Jahre freischaffend als bildende Künstlerin tätig. Die Tatsache, dass ich ebenfalls schreibe, ist weniger bekannt.

Das Schreiben rückte immer mehr in den Mittelpunkt meines Schaffens seit ich 2015 den ersten Roman „Wir retten die Welt" in Angriff nahm. „Wir retten die Welt" ist Band 1 einer vorgesehenen Trilogie „Im Westen viel Neues". Die englische Übersetzung davon sowie Band 2 der Trilogie, „Sequence" (in Englisch gefasst), stehen fertig in der Warteschlange. Trotzdem entschied ich vorerst „Blütenlese" zu veröffentlichen. Einige Texte sind nur in Englisch, andere in Deutsch und eine Auswahl in beiden Sprachen. Alle Bilder sind von mir und ebenfalls in den letzten dreißig Jahren entstanden.

Der kreative Prozess kann sich in unzähligen Variationen manifestieren. Meine Theorie ist, dass sich Künstler:innen, über die Zeit hinweg, überwiegend den Themen Liebe, Sinn und Vergänglichkeit gewidmet haben.

Ich ebenso, und zu diesem Zeitpunkt in meinem Leben, wähle ich dafür das Schreiben.

Loss

2020 - 2023

Gebückte, Filzstift auf Styrodur 2018

2020

Sorting

In the beginning, after his death, all she could do was sit in his studio. He had partitioned his "art-cave" into smaller compartments. A person could come in and at first not even notice him in his old comfy chair behind the door. Now she sat there, morning for morning, watching the light play on paintings, on tables covered with notes, drawings, bottles and dried plants. She too, was hidden, protected. No one heard her moan, saw her tears, was witness to her still talking to him, asking why he had left her alone. Here she could open his books, hungry for sentences he had underlined, caress the old radio, put on his reading glasses or breathe in his faint smell still lingering in the old work apron.

Eventually, she would get up and begin to sort. Friends often asked if it were not a burden, going through all his collected paraphernalia, not to mention curating the hundreds of drawings and paintings. Even in grief, she would answer, she savored the privilege of time for farewells to this still-existing universe. She was sure, when all had been transformed into lasting soul-nourishment, she would be able to let go of the real space.

A special Day

It would be a special day. She knew this, still in bed, the cat purring at her side. A special day, a day to savor, to remember, to pull out of her soul and again experience, when the sun was not shining so beautifully through the window as it was on this new autumn morning. She needed this day, needed it desperately. She wanted to relish every single moment, to give thanks to every move, every voice, every person taking part. It would be one of those days that, if it were your last, it would be right. She would see them on this day, those she loved most in the world. Only one would be missing, having gone the road ahead. He would be waiting for her when she took the last bend, but for now he was not. Two children they had raised. Two children, who had become good, caring adults. Adults who had found partners they were worthy of and the partners of them. This would be their day together.

She took her time leisurely bathing, breakfasting and preparing the room for their small gathering. Things had become so wonderfully intimate in Covid! She loved the chance to really spend time with loved ones. Time to talk, to laugh, to share opinions. Time to have a coffee after the meal in a café close by. To take a walk in the sun around familiar streets, kicking up leaves and talking, talking, talking until they would all head back in the early dusk.

How soon it was evening. Grateful she was for this jewel of a day, for the nourishment given, nourishment needed in the coming time of unknowing and unset circumstances. The goodbyes were simple. In the pandemic, there were no hugs or kisses, instead, loving bows and eyes of compassion for one another. The door closed behind them and she ran to the balcony for one last glimpse. She kept a lighter there and quickly held it up for them to see as they got in their cars. A light in the dark. A light for them to take with them, for her to keep.

Then they were gone. She knew the tears would come. She knew she must moan and cry and that she needed to do this until she could then wash the dishes. Why would anyone ever want to separate joy and loss? Why would anyone ever be afraid to love because it might include pain? She held on to love like a dog to a bone. But she would not bury the bone, rather, hold the lighter up, lit.

Visits

Some mornings she would take her coffee and bike to the cemetery. She had carefully studied the regulations for the grounds, composed in true-German style, that is, detailed rules chiefly concerned with what was not allowed. Bike riding on the premises, for example, or gatherings other than funerals, or loud music. Surprisingly enough, it was permitted to move the benches, so she had dragged one in front of his grave. One day an older woman accosted her angrily for moving the bench. Inquiring if the woman needed it, the response was no, but that it had stood on its former place for thirty years. The woman facing her had obviously been coming to the cemetery for at least this length of time. Finding the bench moved must have for her felt like a familiar tree had been felled. Politely, the woman asked which of the graves the other visited and attended to. The question caught the upset woman offguard. The angry look in her face softened as she pointed to a grave down the path on the opposite side. Standing together in front of said grave, the woman listened to her neighbor's story: The parents had died over thirty years before, but her husband only two years earlier. The last four years of his life, he had suffered from severe Alzheimer's, but she had managed to care for him at home. It had not mattered to her if at times he didn't know who she was, only that they had been together to the last. From that day forward, she was always greeted with a friendly wave from the woman across the way.

In general, more women than men visited the cemetery, confirming the long tradition of women tending the graves of husbands who had died in wars or after fifty hard years on the job, or of children taken early by disease or disaster. Now she, too, was a member of this resilient feminine force who came regularly, armed with garden tools and watering pots. In spite of the many regulations, there were no rules for how one kept the graves. Some were majestic mausoleums, complete with stone angels and pillars. Others, like hers, simple. Most of the flowers she and the children had planted were starts from her own garden or plants she had found in the cemetery compost. Saving them reminded her of coming home with dried up examples from the grocery store trash and his commenting, she had a hospice, not a garden. She loved to dig her hands into the earth, to plant and tend to this new small garden. Often friends stopped by and together they shared both grief and joyful memories. She knew, sitting with her coffee before his grave, this would also be her last resting place.

She believed in the power of rituals and had always held a fascination for the rites through the centuries honoring the dead. The Egyptians mummified their deceased. The Tibetans placed them open on a hill as nourishment for the vultures. In India, people waded into the Ganges to pour the ashes of their loved ones into the river. The Muslims wrapped the bodies only in linen while in Christian cultures people were buried in coffins or urns. She had read, that in earlier times in the Black Forest a designated person jumped over the casket before it was lowered into the ground. There were mass graves for those gassed in prison camps and graves of the famous and powerful in cathedrals. One story had stayed with her. The gist of the ritual went so: If a villager died, the body was displayed in the center of the settlement. Each household brought a gift of food, placing it directly on the corpse. In addition to prayers and chants, the anointed "sin-eater" came and ate as much of the food as possible, taking the remains back to his hut. He must then survive on the leftovers until the next death. She remembered people bringing food to the house after her grandmother died, but the sin-eater had another function: It was believed, the more he was able to immediately eat, the less sins the deceased would have to take with them to the next world.

In modern times, people often wanted anonymous sites or wished to have their ashes thrown to the wind over fields or water. She however, was thankful for a gravesite she could visit, a place for healing, honoring and remembering. It was also a new place, not one she had shared with him. For her it was easier to spend time there than it was to walk alone on the castle grounds or sit at their favorite café.

Living together for decades, partners often take on each other's traits, resembling in time old trees with separate trunks but joining roots and intertwined branches. Providing the love they shared had also allowed for independence, the chances for the one to survive the loss of the other were greatly improved. Even now he could surprise her with small wisps of his essence: an old man on a bicycle, a voice similar to his in the streetcar, a ray of sunlight on her coffee cup. She also felt that he, on leaving, had grafted some of his roots onto hers. She found herself more tolerant, less likely to judge, the present and the passing enhanced. Her children were connected to their father biologically and character wise, but he also lived on in her.

Ariadne's Thread

She wanted to put it down on paper: The perception of Ariadne's thread, connecting the Here with the Beyond. At times he would call out to her, comfort her, tell her all was well. There was no way for her to prepare for his passing through her soul, for those fleeting encounters provoking suffering as well as healing. For his whisperings, wonderful and terrible.

In his studio, she had come across a letter he had written to a close friend a year after his death. The letter had been a man's letter to another man, finely composed with both humor and depth. He wrote of anecdotes, of times shared over decades, of his respect for the other's work. He remembered the time the friend had admitted praying daily and commented, though they seldom spoke of such, he believed their shared belief in the Beyond was what really sealed their friendship. But he apologized also. Intuitively knowing the friend was already moving on, all he had talked about by their last encounter was soccer.

Reading the letter hit home to her. Again, she was by his bedside as he was dying. Again, she was reminded of the asinine things she had done during the final days. It was a consolation to her, that her husband had done likewise. Could it be, facing death, we shy away from the knowing? One we love is leaving. Not just for a day, a month or a year, but for forever from our Here. So to dull the pain, we speak of mundane things, get a coffee or make some calls.

Ariadnes Faden

Sie wollte es zu Papier bringen: das Erleben von Ariadnes Faden, der die Wirklichkeit mit der Wirklichkeit hinter der Wirklichkeit verbindet. Manchmal rief er zu ihr, tröstete sie, sagte ihr, dass alles in Ordnung sei. Sie war nie darauf vorbereitet, auf diese flüchtigen Begegnungen. Wie er durch ihre Seele ging, sowohl Leid als auch Heilung hervorrufend. Sein Flüstern, wunderbar und schrecklich.

In seinem Atelier war sie auf einen Brief gestoßen, den er an einen engen Freund geschrieben hatte, ein Jahr nach dem dieser gestorben war. Es war der Brief eines Mannes an einen anderen Mann, fein komponiert, humorvoll und tiefgründig zugleich. Er schrieb von Anekdoten, von gemeinsamen Zeiten über Jahrzehnte hinweg, von seinem Respekt für die Arbeit des Anderen. Er erinnerte sich an die Zeit, in der der Freund zugegeben hatte, täglich zu beten. Er beschrieb seine Gewissheit, dass der gemeinsame Glaube an das Jenseits die Freundschaft wirklich besiegelt hatte, obwohl sie selten darüber gesprochen hatten. Aber er entschuldigte sich auch. Obwohl intuitiv wahrnehmend, dass der Freund bereits am sich Verabschieden war, hatte er bei ihrer letzten Begegnung nur über Fußball gesprochen.

Das Lesen des Briefes traf sie wie ein Schlag ins Gesicht. Wieder war sie an seinem Bett, als er im Sterben lag. Wieder wurde sie an die dummen Dinge erinnert, mit denen sie beschäftigt war. Es war ein Trost für sie zu wissen, dass ihr Mann ähnlich gehandelt hatte bei seinem Freund. Könnte es sein, dass wir im Angesicht des Todes vor dem Wissen zurückschrecken? Jemand, den wir lieben, ist am Gehen. Nicht nur für einen Tag, einen Monat oder ein Jahr. Für immer. Um den Schmerz zu betäuben, sprechen wir von ganz alltäglichen Dingen, gehen einen Kaffee trinken oder erledigen ein paar Telefonate.

It was a sunny Day

It was a sunny day, so she decided to sweep the balcony. Funny how one can be in an apartment for over thirty years and only really live in parts of it. The balcony had been his. He had planted and watered the flowers and spent hours on the ladder, devising elaborate wire mesh systems so the morning glories could grow up and around. He sat there daily after lunch in the old chair, with half a cup of barely warm coffee and the cat on his lap. Balconia, he called this time: thinking, looking, listening, dozing…chilling, as their children would put it. He was extremely proficient in this art. It was, so to say, his natural state of being. She, in turn, had the garden out back. For months after his death, she couldn't bear to go there. It wasn't his presence she missed, for he seldom spent time in her small green space. It was his head, popping out of the kitchen window, calling her to breakfast. She had always been an early bird, he a night owl. That was, to say the least, only the tip of the iceberg in terms of their many differences.

Strangely enough, she took on the additional plant chores of the balcony with some ease. It, too, was slowly becoming hers. She kept the tablecloths freshly washed, the clay pots scrubbed free of lime scale. The geraniums were coming to bloom on the railing and the starts of forget-me-nots and garden columbine were almost big enough to replant in the garden.

After his death, she had moved the small table from their bedroom to the balcony to use as flower space and for the occasional lunch tray. As with the balcony, he had for decades sat at that table by the window, observing and sketching: cars, bikers, pedestrians, birds, weather, the seasons. He had especially enjoyed drawing people waiting for the light to turn green. He kept these scribbles in an old drawer, choosing from time to time a figure for a larger composition. She loved the drawer. For her the sketches offered an intimate conduit to his being. She spent hours sifting through the contents, holding the images in her hands. Closing her eyes, she would press a drawing to her face and breathe in deeply, longing for the still faint scent of his hand on the paper. It was almost like caressing his face.

But on this morning, she swept. Not only because she was in general more orderly, but simply because she thoroughly enjoyed sweeping as such. He would often tease her about this, saying, if she were ever declared a saint, she would later be carved in stone, standing in some vast church, holding a broom as her symbol of salvation. Quipping still, he would add, at any moment she might mount the broom and fly away.

Her dustpan was soon full with the earth her cat loved to dig from the pots and the various paraphernalia the crows threw down from the drainpipes. One small corner of the balcony, however, she had yet to clean. She had avoided it up to then, knowing what she would find there. Every year the tree stood in the children's room from Christmas Eve until Candlemas on February 2nd. Were the forty days of Christmas complete and the decorations boxed up for the following year, the tree went to the balcony. Months later, when it was dry and brown, her husband would cut off the branches and dispose of them, but leave the stems sitting in this particular corner. Broom in hand, she found herself staring at the corpses of at least twelve trees. The corner had practically become a biotope, complete with spiders and webs and adorned with minute holes housing who knows what variety of insects. It had been her plan to bring the stems to the compost, but the minute she lifted one from the corner, the Christmases of Christmas past flooded in.

Never was she forewarned of what might trigger the searing pain of his loss. On this day, it was the tree trunks. She and the children had managed to celebrate the first Christmas without him: the decorating of the tree, the church service, the singing, the gifts, the shared Christmas Eve meal. They bravely went through the motions of their beloved ritual without him, but the naked trunks spoke even more of the finality of death. Still prickly with dried pine needles, she carefully picked up the trunks and propped them against the balustrade. Her mind wandered to Sleeping Beauty pricking her finger on a spindle.

She pondered if a pine needle were to bring blood to a forefinger, would it also result in the sweet sleep of forgetfulness? In reality, their prickly touch only bored deeper into her sorrow.

She took a break, sat down, and gave her tears some space. Crying, that is, allowing herself to cry, was still a learning process. In earlier times, tears only took her to a dark place she never wanted to go. As of yet they were not relief, but she was beginning to accept the fact they could be a healing element on this new path of widowhood. Still, as was her nature of being strict with herself, she soon returned to the job at hand. What to do with the stems? Bring them to her friend's sprawling garden? But they obviously were too brittle and of no use for propping up flowers or protecting tender offshoots from hungry rabbits.

All at once, she knew. She swept the corner clean and brushed the stems free of cobwebs. One by one, she returned the trunks to their former place. The day would come, when she would take them to a wood. There they could decay while offering refuge for insects and other organisms.

But this was not that day.

Es war ein sonniger Tag

Es war ein sonniger Tag, also beschloss sie, den Balkon zu fegen. Seltsam, wie man jahrzehntelang an einem bestimmten Ort leben kann und trotzdem nur Teile davon wirklich bewohnt. Der Balkon hatte ihm gehört. Er hatte die Blumen gepflanzt und gegossen und Stunden auf der Leiter verbracht, um kunstvolle Maschendrahtsysteme zu entwerfen, die es den Prunkwinden ermöglichten, hoch und herum zu wachsen. Täglich saß er dort nach dem Mittagessen in dem alten Stuhl, mit einer halben Tasse kaum warmen Kaffee und der Katze auf dem Schoß. „Balkonia" sagt er dazu: nachdenken, schauen, hören, dösen... chillen, wie ihre Kinder es ausdrückten. Er beherrschte diese Kunst außerordentlich erfolgreich. Es war sozusagen sein natürlicher Seins-Zustand. Sie wiederum pflegte den Garten im Hinterhof. Nach seinem Tod konnte sie es monatelang nicht ertragen, dorthin zu gehen. Es war nicht seine Anwesenheit im Garten, die sie vermisste, denn er verbrachte nur selten Zeit in ihrer grünen Oase. Es war sein Kopf, der aus dem Küchenfenster schaute und sie zum Frühstück rief. Sie war immer eine Frühaufsteherin gewesen, er eine Nachteule. Das war, gelinde gesagt, nur die Spitze des Eisbergs in Bezug auf ihre vielen Unterschiede.

Seltsamerweise übernahm sie die zusätzliche Pflanzenarbeit auf dem Balkon mit einer gewissen Leichtigkeit. Auch er wurde langsam ihres. Sie wusch die Tischtücher frisch und schrubbte die Tontöpfe von Kalkablagerungen frei. Die Geranien auf dem Geländer blühten und die Vergissmeinnicht und Akelei Setzlinge waren fast groß genug, um in den Garten umgepflanzt zu werden.

Nach seinem Tod hatte sie den kleinen Tisch aus dem Schlafzimmer auf den Balkon gestellt, um dort Pflanzen und gelegentlich ein Esstablett abzustellen. Wie auf dem Balkon, hatte er jahrzehntelang an diesem Tisch am Fenster gesessen, beobachtet und skizziert: Autos, Radfahrer, Fußgänger, Vögel, das Wetter, die Jahreszeiten. Besonders gern zeichnete er Menschen, die darauf warteten, bis die Ampel grün wurde. Er bewahrte diese Kritzeleien in einer alten Schublade auf und wählte von Zeit zu Zeit eine Figur für eine größere Komposition aus. Sie liebte die Schublade, für sie waren die Skizzen ein intimer Zugang zu seinem Wesen. Sie verbrachte Stunden damit, den Inhalt zu durchforsten und die Bilder in ihren Händen zu halten. Wenn sie die Augen schloss, drückte sie eine Zeichnung an ihr Gesicht und atmete tief ein, um den noch schwachen Duft seiner Hand auf dem Papier zu erspüren. Es war fast so, als würde sie sein Gesicht streicheln.

Aber an diesem Morgen fegte sie. Nicht nur, weil sie im Allgemeinen ordentlicher war, sondern einfach, weil sie das Fegen als solches genoss. Er machte sich oft über sie lustig und sagte, wenn sie jemals Heiligkeit erlangen würde, würde sie später in Stein gemeißelt in einer großen Kirche stehen, den Besen in der Hand haltend als Symbol ihrer Erlösung. Noch scherzhaft fügte er hinzu, dass sie jeden Moment auf den Besen steigen und davonfliegen könnte.

Ihre Kehrschaufel war bald voll mit der Erde, die ihre Katze mit Vorliebe aus den Töpfen grub, und von den Resten, welche die Krähen aus dem Abflussrohr warfen. Eine kleine Ecke des Balkons war noch nicht geputzt. Sie hatte es bis dahin vermieden, weil sie wusste, was sie dort finden würde. Jedes Jahr stand der Weihnachtsbaum im Kinderzimmer, von Heilig Abend bis Maria Lichtmess am 2. Februar. Waren die vierzig Weihnachtstage vorbei und die Dekorationen für das nächste Jahr eingepackt, wurde der alte Baum auf dem Balkon abgestellt. Monate später schnitt ihr Mann die trockenen, braunen Zweige ab und entsorgte sie, aber den Stamm ließ er in dieser Ecke stehen. Mit dem Besen in der Hand starrte sie auf die Leichen von mindestens zwölf Bäumen. Die Ecke hatte sich praktisch in ein Biotop verwandelt, mit Spinnen und Spinnweben und winzigen Löchern, in denen wer weiß was für Insekten hausten. Eigentlich hatte sie vorgehabt, die Stämme auf den Kompost zu bringen, aber kaum hatte sie einen angefasst, als Erinnerungen an vergangene Weihnachten auf sie einstürzten.

Nie wusste sie, was den brennenden Schmerz seines Verlustes auslösen würde. An diesem Tag waren es die Baumstämme. Sie und die Kinder hatten es geschafft, das erste Weihnachtsfest ohne ihn zu feiern: das Schmücken des Baumes, der Gottesdienst, das Singen, die

Geschenke, das gemeinsame Essen am Heiligen Abend. Sie hatten ihr geliebtes Ritual tapfer ohne ihn durchgezogen, aber die nackten Baumstämme drückten mehr von der Endgültigkeit des Todes aus, als alles andere. Noch immer stachelig von Tannennadeln, hob sie alle vorsichtig auf und stützte sie gegen die Balustrade. Dabei dachte sie an Dornröschen, die sich den Finger an einer Spindel stach. Wurde ihr Finger von einer Nadel verletzt, überlegte sie, erfolgte dann der süße Schlaf des Vergessens? In Wirklichkeit bohrte sich die stachelige Berührung nur noch tiefer in ihren Kummer.

Sie machte eine Pause, setzte sich hin und gab ihren Tränen Raum. Früher hatte das Weinen sie nur an dunkle und abweisende Orte geführt. Noch brachten ihr die Tränen keine Erleichterung, aber sie begann zu akzeptieren, dass sie ein heilendes Element auf diesem neuen Weg der Witwenschaft sein könnten. Doch wie es ihre Art war, streng mit sich selbst zu sein, kehrte sie bald wieder zu ihrer Arbeit zurück. Was sollte sie mit den Stämmen tun? Sie in den weitläufigen Garten ihrer Freundin bringen? Aber sie waren offensichtlich zu brüchig und nicht geeignet, um Blumen zu stützen oder zarte Triebe vor hungrigen Kaninchen zu schützen.

Auf einmal, wusste sie. Sorgfältig bürstete sie die Stämme von Spinnweben frei und fegte die Ecke sauber. Dann kamen sie wieder, einer nach dem anderen, zurück an ihren alten Platz. Der Tag würde kommen, an dem sie sie an einen bewaldeten Ort bringen würde. Dort konnten sie dann verrotten, während sie Insekten und anderen Organismen Unterschlupf boten.

Doch dies war nicht der Tag.

2021

The old Doctor

He didn't want to go to the hospital but they knew he had to. In the night, she had for hours listened to his uneven breathing. Something was terribly wrong. Early the next morning she phoned her daughter to come. In spite of his adamant protest everything was fine, they called the emergency. The hours passed until finally the doorbell rang. From below, they heard a wheezing voice call up, "How many floors?"

"One," they answered, uncertain, whom (or what) they were dealing with. The sound of feet slowly climbing the stairs echoed in the hallway. An elderly man, winding his way up, all the while clutching the rail as if his life depended on it, finally reached the door to the apartment. There he leaned on the frame, coughing and trying to catch his breath. "Smoked too long," was his only comment, followed by, "where's the patient?" Later the daughter said, at the time she considered asking the doctor if he needed an ambulance.

The "patient" was sitting grumpily at the kitchen table over a cup of tea. He immediately told his octogenarian counterpart that "Everything was fine" and that his wife and daughter had called for a doctor, not he. The women found themselves confronted with two obstinate old men: a stuck-in-the-mud doctor and an artist who above all valued autonomy.

The doctor proceeded to dig around in his old beat-up leather bag until he produced a stethoscope. With a mixture of routine and indifference, he listened to the man's breathing and let him cough once or twice.

"Nothing to worry about," was his lapidary conclusion, "just get him some cough drops and he will be fine." Both men exchanged knowing glances about over-hysterical women and the doctor exited, edging his way back down the stairs. The husband was elated. Five days later, he was dead.

Sicherlich, er war alt

Wie Ereignisse ablaufen... wer könnte sie vorhersagen? Erst im Nachhinein kann unser Verstand anfangen, Muster zu erkennen. Wie oft wollen wir Zeichen nicht wahrhaben?

Sicherlich, er war alt. Sechsundachtzig Jahre. Doch für sie blieb er zeitlos. Immer hatte er auf seine ganz eigene Art gut für sich gesorgt. Sie vertraute ihm, wollte nicht eingreifen, ihm so viel Freiheit gewähren wie möglich, sein Leben weiterhin nach seinem Gusto zu gestalten. Doch es waren schon Zeichen da, die sie in ihrem Herzen bewahrte. Einmal erwischte sie ihn, mit schweren Einkaufstaschen beladen, mühselig die Treppen hochsteigen. Damit es nicht so aussah, als ob sie ihn ausspionierte, rief sie mit betont gelassener Stimme, „Brauchst du Hilfe?"

„Nein, alles okay", antwortete er, „es sind nur meine alten Beine. Manchmal tun sie nicht mehr so, wie ich will."

Es waren nicht seine Beine. Es war sein Herz. Er starb und sie kämpfte mit Gedanken und Fragen, was sie hätte anders machen sollen, können. Ihr Verstand akzeptierte die Wahrheit, dass es darum ging, loszulassen. Warum können Schuldgefühle so hartnäckig an einem kleben? Sie hatte ihn geliebt und nach besten Kräften Entscheidungen aus der Liebe heraus getroffen. Und doch, das schlechte Gewissen überfiel sie manchmal plötzlich. Sie nahm sich vor, die quälenden Gedanken immer wieder an eine Gnadeninstanz abzugeben, bis ihre Seele innerlich davon frei war. Aushalten ist auch eine Form der Liebe.

Was bleibt

Wieder verbrachte sie einen Tag in seinem Atelier. Als Mädchen hatte sie davon geträumt, an einer archäologischen Ausgrabung teilzunehmen. Wer hätte gedacht, in welcher Form dieser Traum Wirklichkeit werden würde? Doch bei aller Ehrung seinem seelischen Fußabdruck gegenüber... zwanzig Bälle Garn, Blechdosen voller Schrauben und rostiger Nägel, alte Deckel, unzählige Marmeladengläser, ausgetrocknete Kugelschreiber sowie verstaubte Bücher ohne Rückbände durften ausgedünnt werden.

Farben, Leinwände, Papier sowie weitere Materialien waren in einer Überfülle vorhanden, die sie nie gebrauchen würde, doch die Studierenden an der Kunstakademie gegenüber waren dankbare Abnehmer:innen. Der Werkstattschrank mit den flachen Schubladen wurde abgestaubt und neu sortiert. Er hatte den Schrank aus Reststücken gebaut, wie so vieles in der Wohnung. Bei jedem Sperrmüll kehrte er glücklich heim, beladen mit Brettern, ausgedienten Kisten und Schubladen für Bücherregale, Tische und Ablagen. Das achtlose Wegschmeißen fiel den meisten Menschen seiner Generation schwer, da der wiederverwendbare Wert von Gegenständen in der Zeit, in der sie groß geworden waren, eine ganz andere Rolle spielte. Zugegeben, oft wurde zu viel aufbewahrt, aber er hatte seine Ordnung. Kürzlich kam ein älterer Kollege ihres Mannes zu Besuch. Er erzählte ihr, dass er noch die krummen Nägel gerade klopfen würde. Als er wegging, musste sie weinen, um eine bald verschwundene Welt.

Sie achtete das Vergängliche und war dankbar, Zeit für das Abschiednehmen zu haben. Dinge, die er berührt hatte, wieder in die Hand zu nehmen und zu würdigen, war Teil ihres Trauerprozesses. Erst danach wurde die Entscheidung getroffen, etwas Bestimmtes zu behalten, zu verschenken oder zu entsorgen. Ihr Ziel war es, sein Atelier als Ort seines „erweiterten Ichs" noch sichtbar zu gestalten. Nicht aber im musealen Sinne, sondern als eine Reflektion seines einmaligen Wesens, welches den wandelbaren Prozess vom Werden und Vergehen verkörpert hatte.

Am Ende fiel es ihm leicht, sich von den weltlichen Dingen zu verabschieden. Er wusste sich auf dem Weg zu der Quelle, welche schon in seinem Leben die wichtigste Bindung gewesen war.

Mundane

She loved the mundane activities that cleared away mind cobwebs: sweeping, hanging up the wash, doing dishes or going through her clothes closet. Even better was garden work. Pulling weeds, cutting bushes and watering plants in her small green space meant quality time. Having been raised protestant, reward came after a job well done. In the garden, it meant sipping a cup of coffee and admiring the new order.

In some ways, his studio likened her garden. There, weeds were old grocery bills and outdated savings books. The bushes she cut back were deciding which letters and notes to keep. Watering meant polishing up his medley collection of items and objects. The flowers were remembrances, blooming in the most unexpected places.

In her real garden, the seasons came and went, always with the promise of spring. A cleaned out corner meant space for new plants. Not so in his studio. There it was all about finality. Never again would he go to the store, leaving her small funny notes about his whereabouts. Never again, pick up one of the pencils to sketch or mark passages in the books he loved. Never again. Sorting in his studio was part of her grief process, teaching her the acceptance of finality. Through the tears, the joy of cleaned tables and dusted books did bring her relief.

Healing

She enjoyed petering around the apartment. New ideas might pop up while doing the dishes or taking out the trash.

Strange, now that he was gone, she understood better how he had "lived the day". She knew an artist was never really apart from the work-awareness mode. Yet growing up with a protestant work ethic, it had taken her years to even get close to his philosophy and relationship to time. She still had twinges of guilt if her "To do" list was not up to date. She knew what her discipline accomplished, but since his death and time alone, she more than ever before allowed herself the joy of letting the day unfold.

Yet even he had experienced twinges of guilt, thinking he could have produced more. But there are no rules as to the size of an artist's oeuvre. All that counts is the depth, the authenticity, the beauty seen as a form of truth. Having now spent months looking through his work, she was overwhelmed with its worth.

It bothered her not the scope of his oeuvre exceeded hers. She never felt jealousy, only joy and honor to have been at his side.

What did she want her children to keep of hers after her death? Only the diaries. He healed with the brush, she with the pen.

Pencil Stubs

Pencil stubs. He had always carried one in his pocket along with some paper. "Just in case I want to make a quick sketch," he would say, "but mostly to sooth my conscience." Once he shared a dream with her: He was standing on a construction site. A huge shovel, overseeing him, pushed him against a wall and smothered him with dirt. The scene flipped and he found himself in a great room. Facing him, contre-jour before a window, were the silhouettes of three figures against the light. He knew exactly who they were and didn't wait for the obvious question. "Father, Son and Holy Spirit, you took me too soon! I have so many pictures I still need to paint!" At that point, he said, he woke up.

In spite of the fact he had at times questioned his way of life in terms of productive content, having lived with him for almost forty years, she had learned two very important truths:

1. Artists work 24-7
2. Quality counts, not quantity

Be it running his traps, talking to homeless people by Aldi or going to Mass three times a week: he had always been online. Only days before his death he prepared canvases for large paintings he had in his head. Even in reference to quantity, he definitely underestimated the opulence of his oeuvre. Not only did it include the etchings, the paintings and the collages, all known to the public. Since his death, she had curated thousands of pencil sketches, from the small ones originally in his jacket pocket to drawings used in larger pieces.

She had seen enough exceptional art in her life to know his was exceptional. Often she found the most magical atmospheres in the small, nondescript sketches: fleeting moments of a man standing on a street corner, a child reaching upward. She liked to say Cezanne could create the world with one painted apple and her husband with a sketch of a woman lifting a fork. Before they met she had seen his work and been drawn in to his cosmos, and the wonder had lasted all their years together. Even now, to open a drawer and pick up a small piece was a portal to him.

Time and Truth

After his death, there were those days: the waking up alone, the knowing, when she came home from the grocery, he would not be there. In lockdown, the evenings were difficult. She had no classes to teach, an activity that normally kept her busy on weeknights. Still, all was gradually becoming easier for the simple reason the days were growing longer. She never minded the cold, but in the winter months, she did miss the light. Time related to her differently if dusk set in around three in the afternoon. Ah, the summer nights! To sit on the balcony, drinking in the cool after a hot day and still have a blue sky. It gave the feeling time had doubled, while in winter the days seemed half as long. Time, she reflected, is truly transient and has its own rules for the tempo of passing. As is said in Ecclesiastes, everything has a season, a time, a purpose. She was open to what time in relationship to experience could teach her. It took practice though, because time involved not only gain but also loss and the dealing with loss. Yet she knew the joy of the flow: doing what you do best when you do it best. The nourishment coming from a greater source, moving through the body/mind. Craving, wishing and wanting were never doors to the intangible, while patience and respect for the breath of the given moment, invitations. How hard it is for us to let go and let be! Even in the darkest hours, there could be time-alignment. When the down can be no deeper, the black no blacker, one can still work. For it is not you working, it is the Awe. And the Awe can pass through you on to the paper, the canvas, the composition, much easier if the ego has hit ground zero. What an artist produces in this state can be terrifying, yet the cry for compassion a beacon for others. She always came back to Goya. He never stopped drawing, never said his time in history was so horrifying art was meaningless. He just kept on inking and etching the screams of injustice his world regurgitated. Only the truly great give us beauty in horror: they journey beyond their own needs, their pain, beyond reason and sanity. Beyond the chasm. Often they pay the highest price. She honored their madness of sacrifice, believing only loving madness overcomes material madness, allowing for transformation, for grace.

There is truth in art, universal truth. Truth coming down to us since the beginning of time. Truth, re-told, re-created, re-shared, re-discovered and re-given a voice. Truth, like time, dwells in the realms beyond our control. How and when truth will avail, how and when she will fulfill in us the process leading to compassion, remains a mystery.

Tagebuch an Tutilo 7. Juni 2021

Erweiterte Familie. Wir wären verloren ohne Freunde. Unsere biologische Familie kann sterben, Freunde ebenso, doch die erweiterte Familie kann sich immer erneuern. Du kannst neue Freunde finden.

Niemand kann deinen Platz einnehmen, noch sollten sie es. Du bist jetzt in einem ganz bestimmten Raum meiner Seele, in dem Raum mit den schon Verstorbenen. Dort sind auch meine Eltern, mein Bruder, sowie weitere Menschen, denen ich begegnet bin und die ich geliebt habe, wie auch Teresa von Avila, Etty Hillesum, Goya und Giotto.

Du hattest ein so einmaliges, komisches, wunderbares Herz. Warum sollte es nicht weiter bei meinem Herz weilen? Und wenn ich wegen der vorläufigen Trennung von dir leide, habe ich hier und jetzt Freunde, die mir Trost schenken. Und ich habe neben ihnen die Inspiration und den Trost von Menschen durch alle Jahrhunderte hinweg, kann durch ihre Bilder sehen und spüren, wie sie waren, durch ihr geschriebenes Wort, ihre Architektur, ihre Musik. Wäre ich allein auf einer Insel, würden auch sie, wie du, dort bei mir sein. Mit siebzig Jahren beginnt auch meine Reise in Richtung eurem Reich. Familie und Freunde werden sich verabschieden, so wie auch ich, doch wir alle haben in unserer Zeit auf Erden das Geschenk der Weite von Gott angeboten bekommen. Du hast das Geschenk angenommen und es in Demut und Freude weiter verschenkt. Ist das nicht der Grund für unsere Existenz?

Gestern war ich bei lieben Freunden. Sie haben meine geschundenen Füße des Verlustes gewaschen, mit mir Brot gebrochen, mich in Body and Soul verköstigt. Du warst nicht da... oder doch?

Coffee

Who had discovered coffee, she wondered? Hearing this question, her kids would have immediately grabbed their mobiles to ask Google. She preferred her own visions: people attired in bright patterns, lounging around a ceramic basin, drinking the strong hot brew from small cups. Or walking through green and brown coffee bean fields in South America, the wind blowing through the leaves, the heat burrowing down. She felt very akin to those, who, through time, had loved the black gold as well.

Coffee was her comfort zone. Once she told a holy man, the material world held little attraction for her. He suggested she put her theory to the test and give up something for a month. She chose coffee and learned her lesson. There might come a day when coffee was no longer good for her body. As for now, she could take caffeine day and night. She loved good coffee, but any coffee was good. The night before her husband died, she sat on his bedside as he tossed and turned and lost control of his bodily functions. Together with the night nurse, they washed his body and changed the sheets. After that, she told the nurse, no matter it was 3:00 a.m., she desperately needed a cup of coffee. Laughingly the nurse replied: "Drink all you want, it's caffeine free." Neither she nor her children had noticed, always offering a cup to the friends who came to say their goodbyes. Long live placebos!

Her morning ritual was constant: Get up, feed the cat and make coffee. Breakfast, if at all, took on interest only after 11:00 a.m., but coffee? She put the fresh grounds directly into her thermos, pouring in boiling water and adding cream. Yes, you heard right: pure, thick, delightful cream, the kind you can whip up for toppings. In addition to its richer taste, you didn't need as much as you would with milk, so the coffee stayed hot longer. Her thermos held eight cups and she drank them all before noon, sometimes even making more if she needed a boost, like when writing.

Then there was the delightful German tradition of meeting for coffee in the afternoon. The close friends knew NOT to bring her cake. German cake...usually dry and baked with little sugar. If she ate cake, she wanted CAKE!: sweet, moist, melt in your mouth cake, with loads of icing. German cookies resembled dog biscuits. And what they called muffins stuck to your palate like glue. Come Christmas, she longed for her mother's scrumptious fruitcake and her butter cookies, shaped like Christmas trees and covered with thick green icing. Instead, German hobby bakers of all genders and ages descended upon her apartment with their proud creations. Gingerbread was the worst, adding to the fact that ginger combined with cinnamon was almost standard in what came out of German ovens. She did her best to banish any associations linking German baking traditions with themes of obedience, authority and the love of Bavarian beer. Instead, she concentrated solely on the friendly gesture, annotating yet another observed and, in this case, endearing characteristic: Germans LOVED to bring gifts! As to the pastry stacking up in her pantry: she gave away as much as possible and trashed the rest after New Year's.

The French were a different story! Their fabulous, frivolous life style produced amazing goodies, not unsimilar to American bakery counterparts. She loved to go to Strasbourg and buy the glazed petit fours, the tartlets, the eclairs. Oh, and then there was the Turkish tradition with their irresistible baklava or the melt in your mouth halva! She imagined the Turks had figured out early what best complemented their rich black mocha.

When in the evenings running his traps, her late husband had always met up with his buddies for coffee. Being a night owl, he firmly believed drinking coffee around 7 p.m. would give him a boost for painting after midnight. More often than not, reruns and old movies were what the coffee guaranteed as opposed to canvases, brushes and paint.

Surely one could construe great significance around the rituals of drinking coffee. Perhaps similar to the theory, that over the centuries, key state decisions had been decided by men sitting in hot tubs. Coffee might apply for the same category. But to be honest, she really didn't care. She just loved it. Unconditionally!

Staycation Tchibo Coffee

January 2021. Lockdown. A look at her calendar gave her the surprising insight, that, as of yet, no appointments were penciled in. When was the last time that had been true? Probably thirty years ago, she thought. Almost half her lifetime. She was used to going to her Carmel cloister over New Year's. There she would write, draw, take walks, meditate and let the day decide. So why not use the lockdown situation and have a "Staycation", as her girlfriend called it? Stay at home, not on vacation, but all the same unavailable. In preparation, she sent an email to friends and acquaintances, made a few calls and tied up some loose ends.

Her plan was to lockdown in lockdown until Candlemas on February 2nd. According to the Bible, this date marked Maria and Joseph bringing baby Jesus to the temple in Jerusalem, thus fulfilling the Jewish law to induct the male child into Judaism forty days after birth. Two individuals in the temple greeted the young family: Simeon and Hanna. Simeon was the "God Receiver", promised in a vision not to die before his eyes beheld the Son of God. The aged widow Hanna (in Hebrew "the Graced") was a prophetess, who had lived in the temple since her husband of seven years had died. Both confirmed Jesus as the awaited Messiah and foretold of his and of Maria's future suffering. By the European folk tradition, if the weather on Candlemas was sunny, it meant six more weeks of winter. In the United States and Canada, this celebration had mutated into "Ground Hog Day", saying, if the groundhog came out of his den on February 2nd and saw his shadow, that also meant more winter. For Catholics, Candlemas marked the end of the Christmas season. As in earlier times, her family also left their tree up from Christmas Eve until Candlemas. It felt appropriate to choose this date to end her retreat.

She knew how to structure time and the staycation was no different. Rising early, she began each day with her custom of taking a pot of fresh coffee to her studio. There she usually wrote in what she referred to as "The Diary": her dialog with her Higher Self that had commenced in 2007. Other times she only sat, enjoying her coffee, watching and listening to the new day awakening. Before breakfast, she checked in with her daughter and gave her a short update of how things were going. Mornings she worked on various projects. During the lockdown, most of the churches in town were open to the public, so in the afternoons she would visit one. In each church, she sat quietly for an hour or so, returning home afterwards to cook a warm meal. She ate her meal in the kitchen with the candle lit in the memory corner for her deceased husband. Evenings she wrote, read or watched lectures on such themes as theology, philosophy or art.

Each day was a new adventure. One morning, she thought the coffee she was drinking was the best she had ever tasted. It had been a gift but she didn't remember the brand. The evening before she had opened the package, so she searched the kitchen wastebasket, only to find the vacuumed-packed inner wrapper, bearing numbers and a name. It then occurred to her that she had taken some of the trash out the night before. Heading for the door to check the bins outside, she heard the familiar sound of the barrels rolling to the front of the apartment to the awaiting dump truck. Too late. So what now? All she remembered, was that the outer wrapping had been green…or maybe blue? On her way home from the church in the afternoon, she spontaneously decided to stop at a grocery store and check out their coffee assortments. To her surprise, she found a package in dark blue from the company Tchibo, bearing the same name printed on the inner vacuum wrapper. Tchibo, she thought amusedly.

Her husband had always loved to bike downtown in the early evening. After reading the city newspaper in the big picture windows near the market place, he would go to greet his coffee buddies at the Tchibo café. She respected his time with his friends and never met up with him there. But she did love the stories of his wondrous and motley crew: The big woman with the large hands, formally a man, who painted icons, or the unemployed engineer from Syria, who drove a taxi to survive and told of his encounters with angels. Then there was the hoarder, constantly bemoaning the state of his apartment filled with periodicals the mice used for nests. Not to forget the pickpocket, who sometimes showed up between prison stints. The regulars came and went over the years, as did the stories. One of her favorites was of an old journalist who wrote about the plays in the various theaters of the city. The only problem was, he was ten years behind. If he showed up at the café, he always complained of his tardiness. But to the day he died, he pulled his hand-wagon through the streets, passing out his small magazines about theater events ten years prior.

The only member of the group she thought little of was a middle-aged man who lived with his blind mother. Broadcasting himself as the chosen speaker for all who bore her impairment, he wrote endless letters to the press describing the banks as discriminatory to the blind, because their money machines did not give out bills according to their worth. Her blind friends scoffed at the idea, since all Euro-bills were of specific length and width and easily discernable for the sensitized fingers of those without sight. What he did achieve was some local media coverage, which she surmised to be the real reason for his motivation. Typically, her husband would always point out the better characteristics of his fellow coffee mate. How often had she wished more of his friendlier assessments of others had rubbed off on her.

The ladies running the coffee shop knew her husband well and were pouring him a cup the minute he walked in the door. His usually showed up shortly before closing time and helped bring in the signs, tables and chairs. From the café, he moved on to his last stop for groceries at the discount before cycling home.

One thing he was not to bring back from his Tchibo outings was coffee. She was no friend of brand names, considering them overpriced and preferring her no-name 100° Arabian blend from the discounts. In other words, she had never tasted the coffee her husband had for years enjoyed at his café.

A wink from the Beyond? Did it matter? All she knew, was that drinking the coffee had reopened a door to wonderful memories. She decided from then on to occasionally treat herself to the Tchibo blend. Sipping the warm delicious brew at the start of her day, she would lift her cup in a toast to the one she had loved and would always love.

Staycation Tchibo Kaffee

Januar 2021. Lockdown. Überraschend stellte sie fest, dass für das neue Jahr noch nichts in ihrem Kalender stand. Wann ist das schon mal so gewesen? Vor dreißig Jahren? Fast die Hälfte ihres Lebens. Normalerweise ging sie gerne nach Weihnachten über Silvester ins Kloster. Dort ließ sie den Tag entscheiden: schreiben, zeichnen, spazieren gehen, meditieren. Doch jetzt Lockdown. Dann kam sie auf die Idee eine „Staycation", wie ihre Freundin es nannte, zu unternehmen: zuhause sein, nicht verreisen, aber nicht erreichbar. Freund:innen und Bekannte informierte sie über ihr Vorhaben per E-Mail.

Sie plante ein Lockdown im Lockdown bis Lichtmess am 2. Februar. Nach der biblischen Erzählung brachten Maria und Joseph Baby Jesus in den Tempel in Jerusalem, um das jüdische Gesetz zu erfüllen: jedes männliches Neugeborenes sollte vierzig Tage nach der Geburt in die jüdische Religion eingeweiht werden. Die jungen Eltern trafen dort zwei Personen: Simeon, der Gottesempfänger, dem von Gott versprochen wurde, dass er nicht sterben würde, bevor er den Messias sah. Und Hanna (auf Hebräisch „die Begnadete"), die Prophetin, die als Witwe im Tempel lebte. Hanna und Simeon erkannten Jesus als den Messias und prophezeiten das kommende Leiden von ihm und Maria. Nach der europäischen Volkstradition wird der Weihnachtsbaum am Heiligen Abend geschmückt und erst am 2. Februar abgebaut. War das Wetter am Lichtmess sonnig, würde es noch sechs Wochen Winter geben. In den USA und Kanada mutierte Lichtmess zum „Murmeltier Tag" („Ground Hog's day"). Verließ das Murmeltier seine Höhle an diesem Tag und sah seinen Schatten, stand dies ebenfalls für weitere sechs Wochen Winter. Mit Lichtmess schließt die Weihnachtszeit.

Während der Staycation hielt sie ihre übliche Morgenroutine konstant ein. Nach dem Aufstehen nahm sie einen Pot frischen Kaffee mit ins Atelier. Dort schrieb sie seit 2007 in ihrem Tagebuch, ihr persönlicher Dialog mit ihrer höheren Macht. Es konnte aber auch Tage geben, an denen sie nur ihren Kaffee genoss und den neuen Tag begrüßte. Vormittags arbeitete sie an verschiedenen Projekten. Im Lockdown waren die meisten Kirchen auf und nachmittags wählte sie täglich eine andere Kirche, um diese zu besuchen. Dort saß sie in der Stille für ungefähr eine Stunde. Anschließend fuhr sie heim und kochte eine warme Mahlzeit. Beim Essen zündete sie immer eine Kerze vor dem Bild ihres verstorbenen Mannes an. Abends schrieb sie wieder oder hörte Vorträge zu Themen wie Theologie, Philosophie oder Kunst.

Jeder Tag war ein neues Abenteuer. An einem Morgen meinte sie, noch nie einen so leckeren Kaffee getrunken zu haben. Es war ein Geschenk gewesen, aber die Marke hatte sie sich nicht gemerkt. An dem Abend zuvor hatte sie die Packung aufgemacht. Als sie im Küchenmüll nachschaute, fand sie nur noch die innere Vakuum-Verpackung. Eingestanzt in dem goldenen Alu waren Nummern und ein Name. Es fiel ihr ein, dass sie schon einen Teil des Mülls rausgetragen hatte. Auf dem Weg nach unten hörte sie, wie die Müll-Männer die Eimer nach vorne rollten. Abholtag dachte sie. Mist. Zu spät. Und was jetzt? Sicher war sie nur, dass die äußere Verpackung blau gewesen war... oder doch vielleicht grün? Nachmittags, auf dem Heimweg von ihrem täglichen Kirchenbesuch, beschloss sie, einen Supermarkt zu besuchen und ihr Kaffee-Sortiment zu durchforsten. Und, sie wurde fündig. Bei der Kaffeefirma Tchibo gab es eine dunkelblaue Packung mit dem Namen, der auf der Vakuum-Verpackung gestanden hatte. Tchibo, dachte sie mit einem Lächeln.

Zu Lebzeiten ging ihr Mann jahrelang gerne am frühen Abend in die Stadt. Nachdem er die Tageszeitung in den großen Fenstern am Marktplatz gelesen hatte, traf er seine Kumpel auf eine Tasse Kaffee bei Tchibo. Sie respektierte den Stammtisch und ging nie dorthin. Aber die Geschichten, die er von seinem wunderlichen bunten Haufen mitbrachte, liebte sie sehr. Es gab die große Frau, die früher ein Mann gewesen war und Ikonen malte. Und der Ingenieur aus Syrien, der mit Taxi fahren überlebte und felsenfest behauptete, er sei schon Engeln bei seinen Fahrten begegnet. Oder der Messie, der klagte, weil Mäuse Nester aus Zeitungen bauten, welche in seiner Wohnung bis zur Decke gestapelt waren. Es gab auch einen Taschendieb, der zwischen seinen Gefängnisaufenthalten immer mal wieder vorbeischaute. Am liebsten war ihr die Geschichte des alten Journalisten, der sich vorgenommen hatte, über die Aufführungen der Theaterhäuser der Stadt zu schreiben. Es war ein ehrenwertes Unterfangen, was nur einen Haken hatte: Er war immer zehn Jahre zu spät. Wenn er ins Café kam, beklagte er seine eigene Langsamkeit. Aber bis er starb, zog er sein Wägelchen durch die Straßen und verteilte seine Hefte über die Geschehnisse im Theater von vor einer Dekade.

Der einzige Stammtischler, der ihr verdächtig vorkam, war ein älterer Herr, der zusammen mit seiner blinden Mutter lebte. Als selbsternannter Sprecher für alle Blinden, griff er in unzähligen Briefen an die Presse die Banken an. Seiner Meinung nach handelten sie diskriminierend gegenüber blinden Personen, weil die Geldautomaten die Scheine nicht in der Ordnung ihrer Werte herausgaben. Ihre blinden Freunde lachten nur über sein Anliegen, da die Scheine verschiedene Größen besaßen, welche die sensiblen Finger der Nichtsehenden leicht auseinanderhalten könnten. Der Kaffee-Kumpel erreichte mit seiner Aktion ein bisschen lokale Presse. Ihrer Meinung nach, das eigentliche Ziel der Aktion. Ihr Mann aber, sprach auch von den guten Seiten seines Bekannten. Sie wünschte, sie hätte mehr von seiner Eigenschaft, immer das Beste in anderen zu erkennen, verinnerlicht.

Die Bedienungen im Café kannten ihren Mann. Kaum trat er durch die Tür, als sie schon seine Tasse eingeschenkt hatten. Meistens tauchte er kurz vor Feierabend auf und half die Schilder, Stühle und Tische von außen hineinzutragen. Nach seinem Besuch ging er bei Aldi einkaufen, bevor er nachhause radelte.

Sie wollte aber nicht, dass er Kaffee von Tchibo heimbrachte, da sie alle Markensorten überteuert fand. Stattdessen kaufte sie ihre 100% Arabica-Mischung bei den Discountern. Daher ist sie nie in den Genuss gekommen, den leckeren Kaffee zu genießen, den ihren Mann seit Jahrzehnten fast täglich trank.

Ein Wink aus dem Jenseits? Sie wusste nur, die Begegnung mit dem Kaffee hatte wunderbare Erinnerungen verlebendigt. Sie nahm sich vor, sich gelegentlich die Tchibo Marke zu gönnen. Startete sie ihren Tag mit einer Tasse dieses herrlichen Getränks, würde sie die

Tasse zu dem Mann heben, den sie geliebt hatte und immer lieben würde.

Water sustains

Threat. The wind blew chill. She was exposed, naked. Her familiar surroundings screamed loss and pain. Should she flee the town, the neighborhood, the street she had lived on half her life with him? The home where they had raised their children? Was she prepared? Prepared for what?

She had always walked the tightrope, bar safety nets. Why now question the source that in her life had kept her safe? She must again cry out the yes and rekindle the courage to bear the banner of incertitude. Again embrace the void and trust in its power to transcend into tangible, healing space. What difference did it make her small self, her ego, did not understand? What false answers would binding herself to illusions of security bring? She remembered the "dead man" position, allowing one to float motionless in the water.

Let me be the dead man, she prayed. The water will carry me.

Das Wasser trägt

Bedrohung. Der Wind eisig. Sie war nackt, schutzlos. Das Vertraute um sie herum schrie nach Verlust und Schmerz. Sollte sie flüchten? Abschied nehmen von der Stadt, der Nachbarschaft, der Straße, wo sie die Hälfte ihres Lebens mit ihm verbrachte und ihre Kinder großgezogen hatte? War sie vorbereitet? Doch auf was?

Bisher hatte sie ein Leben ohne Netz und doppelten Boden geführt. Warum jetzt an der Kraft zweifeln, welche sie immer getragen hatte? Sie muss wieder ihren Mut finden, lauthals „Ja" zu rufen und das Banner der Ungewissheit vor sich hertragen. Das Nichts umarmen, in der Gewissheit, dass es sich in greifbare, heilende Gnade verwandeln kann. Es spielt keine Rolle, dass ihr kleines Ich, ihr Ego, nichts verstand. Welche falschen Antworten würde die Jagd nach Sicherheit fabrizieren? Sie kannte den „Toten Mann", die Stellung im Wasser, auf dem Rücken liegend und sich treiben lassend.

Lass mich der tote Mann sein, betete sie. Das Wasser trägt.

2022

Fading

It had been more than three years. Three years, four months and twenty-one days, to be exact. She didn't really care about the exact. She had good days and sad days but for what it was worth, the sad days came less often. She knew time was part of the healing process and yet it had another quality that was disturbing to her. It was as if he were fading. Memories mixed. Little things they had shared together were no longer so glass-clear in her mind. He appeared less seldom in her dreams.

What had it been like, lying next to him in bed? What sounds did he make in sleep? How often did he shave or play with the cat? What was his posture when he sat over his etchings? Could she recall the smell of printing ink on his work apron? How he liked to read the sports page Sunday mornings after church? Did she remember the stories he shared from running his traps? Late evenings, they would watch series together. What were his favorite shows? She kept putting off buying a new dish brush because he had always liked the old one. As if every time she threw something away, she was losing another conduit to him.

It wasn't they had always enjoyed a particularly harmonious marriage. But something happens when you live with a person for decades. Likes and dislikes, habits, even ways of looking at life do intertwine. In death, all is torn away. Root, branch and leaf.

Ephemeral Embraces

She had again been in his studio, this parallel universe of treasures and pain. The books to keep were on the shelves, the ones to give away boxed. She thought she had checked each for notes or letters, but picking up a small brochure a folded page fell out. She knew it was a letter. She sat down, holding it in her hand, struggling to regain her composure. Would it prove to be mundane or an important link to him, to their life, their love?

Surprisingly, it was a letter to her from her father-in law, congratulating her for converting to Catholicism. He wrote of his wife, her husband's mother, and of her deep religious beliefs. The letter was moving, but the pain she had known from this man still present. He had not liked her, thought her not worthy of his oldest son. While grateful to the USA for helping to overthrow Hitler, he viewed the "American Way of Life" as superficial, lacking cultural depth and tradition. Added to that, she was a Protestant! It was the first "mixed marriage" in their family. Yet later he had written her this letter. To be honest, she couldn't even remember receiving it and hadn't the faintest idea how it came to be in her husband's possession. But she saw it as a gift, another piece in the puzzle giving her more insight. Judge not that you not be judged, she thought. Her father-in-law had made an effort. Now, decades later, it was up to her to think more kindly of him.

She spent days in the studio, cleaning, sorting, looking at old photographs, correspondence and newspaper articles. A pencil stub, a small sketch, a half-used candle, she never knew when grief would hit. One morning it was so devastating she fled to the kitchen, hoping coffee and a croissant would grant some reprieve.

She loved her kitchen. In the middle of the room stood the big wooden table. Imagine it could tell of the mornings through the years they had sat across from one another at breakfast? Of the Sundays, the birthdays, the Christmases, the coffee visits with friends. Sitting down, she ran her hand lovingly across the smooth surface, grateful for these healing memories. All at once, she realized two small rays of sunlight on the table were shining directly on each of her hands: His tangent presence, comforting her. Then the light moved on.

Growing Old

The older you get, the more you observe. Before passing, her husband had loved to watch from the bedroom window. Although he himself had never been behind the wheel, he postulated about new cars. After all, design was important! With a pencil stub and scraps of paper, he would draw quick sketches of people walking their dogs or waiting for the light to turn green. He also kept an eye on the Litfass-column across the street and preferred the fashion models from H&M to those from C&A. During their marriage, she had always been the busy one. He would tease her, saying she was the "Bürotante" - the head secretary. Now alone and older, she too was practicing this art. If she was on the balcony and heard a car door shut, she usually took a look. Of course, other people used the parking spaces, but more often than not, she could wave at a neighbor.

For many years, they had shared a friendly relationship with the analyst who lived in the upstairs apartment. After her husband died, he sometimes showed up in the evenings with a bottle of good wine. They would sit in the kitchen late into the night, talking about "Gott und die Welt", "God and the world", as the Germans say. Hearing another car door she looked down to see him cleaning out his trunk of empty water bottles and trash. He had always had a thoughtful way of talking, of moving, but this morning he seemed slower than usual. We are growing old, she thought. While then and again a wake-up call, she knew this was nothing to fear. One has time to grow old. We complain about how time flies, but our perception can vary. Time is woven into the very thread of memories and experiences. She often kept people young in her mind and was surprised seeing them again after a number of years. She looked out the window every day, yet only recently had she realized the elm across the street had grown so tall the art academy was barely visible. Carpe diem, she thought. Even if it turns out to be your last. He had lived this way.

Goodnight Moon

She was visiting. When it came bedtime for her grandson, his mother, her daughter, carried the small boy lovingly in her arms, moving from room to room: "Goodnight kitchen," she would say. "Goodnight living room, goodnight dining room, goodnight toys, goodnight cats....."

Upon returning home, she looked for "Goodnight Moon", the book she had loved the most when her children were small. It told the story of a bunny going to bed. As soon as the room darkened he says good-night to all the things he loved surrounding him.

She thought the children's books were all-together but was again confronted with the fact that this together-thing usually broke down with time. By chance, coming upon a renegade-book during the day, she would lay it down on some bookshelf, promising herself to store it correctly in the near future. Although she often forgot her intention, she never minded looking for things, as treasure hunts usually turned up other misplaced items. Lost time? Not to her. Time was never lost, only spent differently.

Going through the books, she held each one in her hands. All were a conduit to the past. She found herself again on the old couch, her children curled up around her and an open book. They knew all the stories, all the pictures, by heart. But pain was also involved in the memory. During the stories before bedtime, her husband would listen to the radio before joining them for evening prayers. Now he had gone ahead and the children were grown.

She looked forward to reading "Goodnight Moon" to her grandson. She hadn't found it yet, but many others she lovingly dusted off before putting them back in their place on the shelf.

2023

Loss

She was old now. Or at least, getting old. The first phase of the last phase? Did it matter? Her children wanted her to stay healthy and live long. Occasionally a burden, since she didn't always feel free to share some of her aches and pains for fear it would trouble them. And she had a few. Nothing out of the usual, just bones, nerves, digestion and the normal stuff for almost three-fourths of a century. She didn't fear death. To be honest, fear was seldom a companion. She had a solid and lasting relationship with God, whom she referred to as "the Boss". Family members were loving and kind, as were her many friends and acquaintances.

Her husband had been dead now for four years. There is something very intimate about living with a person over decades, and this intimacy goes far beyond sex. It is the intimacy of a soul-nakedness one only shares with one's partner. No masks necessary, no embarrassments. It is the freedom to fart or forget your hair in the bathroom sink. It is sleeping next to one snoring and being comforted by the sound and the smell of this very one and only individual you so love. It is walks around the block and Sunday newspapers.

The emptiness remains, the hole in the heart. There is magic in knowing someone will share their coffee with you mornings. You can cry and laugh, be silly and dance, and it is all OK. She missed that.

Gifts

He liked to come home from the grocery store with little surprises for her. "I brought you something," he would say, holding the gift behind his back. "But you have to guess." It might be an apple or a grapefruit but more often something useful for kitchen or bath. Maybe a new toothbrush, a dishrag or a wooden spoon. Little things he found running his traps.

Running his traps. That's what she would laughingly call it. On a regular basis towards the end of the day, this was what he had loved to do. If Mass, he went there first. Then on to the big picture windows, the newspaper put their daily pages up on to read. The next stop was the coffee shop to meet up with his cronies. After that the discount. It didn't matter which one, they all had a stand with small, inexpensive household items where he could look for treasures.

This time it was a package of brightly colored plastic clothespins. Clothespins. He knew her well. She enjoyed simple tasks: Hanging up clothes or sweeping the floor. Something one could do with one's hands. Putting the clothes on the line, she would inhale the clean smell of the damp cloth, shake and smooth each piece to avoid ironing later. When the wash was dry, she lovingly folded each shirt and towel with a prayer of thanks. They had enough. She was grateful.

He died suddenly shortly after. Often she picked up the package and considered: Should she open it? Would she forget it had been his last little gift before dying? But she was a practical woman and the time came when she thought it might make more sense to use the clothespins. Wouldn't he have wanted her to?

She took the package with her the next time she met with her children at his grave. There she asked them what they thought. Should she use the clothespins or leave the package as it was? Her daughter offered the suggestion she finally decided on. In their presence, still at the gravesite, she opened the package. At home, she pinned the empty cellophane bag up on the wall by the door to the balcony. That way she saw the bag every time she went outside.

Still, one morning, she awoke deeply sad. Why hadn't she left the clothespins pristine and unopened? In the beginning, she had thought of asking her children to put the package in her coffin when she died. That was no longer an option. She couldn't let go of her sadness. She couldn't stop thinking of how he would stand with his hands behind his back, hiding the small gifts over the years. Could there be another solution?

Yes, there was. It was what she was doing in this very moment. Writing. Turning tears into words. Documenting how important the little things in life were. Like surprises and clothes on the line.

Reflections

2021 - 2022

Wolken, Aquarell 1988

Fragments

Loss. Suffering. Nowhere to go but where you are. Movement without movement, hungry for signs, dreams, smells. The future no future with him. Never again. Finality pain. The missing, the daily missing. The beginning of forgetfulness. Hanging on the cliff of memories and feeling the fingers loosening. Only fragments remain. Will they suffice?

cut

A part of our soul is always yearning to return to the places in our youth where we felt safe: a house, a playground, a tree. Unfortunately, the monsters in the closet are also still lurking there. Ah, the early years and their influence! At the time, we want nothing more than to escape their binds. Yet paradoxically, on the brink of adulthood, the Pied Piper beckons with false promises of eternal play and irresponsibility. We must not listen to the tune of his flute. Neither the pain nor the joys of childhood and adolescence dare we allow hold us captive. They only provide nourishment when we let them go.

Sorry Dorothy, no going back to Kansas. But you can find home in yourself by giving up the wish.

cut

I think art has to do with hints and unsaids and unfinisheds. Puzzle pieces that don't fit but go together. Art is wonder and irony, called upon to touch the Gods via failure and fragments. Art is l'art pour l'art, participation in anticipation. Nothing to learn but loads to share. Art is the making of make-believe. Is making love, making out, making over, making up and down, in and out. Art is traipsing around in it all. And the all is the All.

cut

Capitalism is losing its grip. Dagobert Duck diving into his swimming pool of money is no longer cute. But beware, cornered dogs still have tricks up their sleeve. Billionaires, for example, dressing up as philanthropists, offering blanket solutions for world problems. Big Tech and the obscene rich need to be regulated, not applauded.

cut

You never stop the killing by killing. Live by this truth. Work with this truth. Be willing to die for this truth: You must love hate to death. There is no other cure for nakedness, for yearning. Even to desire not to desire is not enough. Walk bar questions, for the manna given cannot be earned. Live close to the flame and become the flame.

cut

While traditions still existed, the gender wall was crumbling. People: men, women, trans, no matter how they defined themselves, building relationships and families and wanting to live with their neighbors on the block. Looking back to times when homophobic discrimination and white supremacy ruled the day, this was definitely progress. While fear still ruled many hearts, there was hope that deep down people wanted to be part of the bigger plan. To respect, embrace and share differences and diversities.

cut

It was good to have young folk around. Good to know they were still interested in what she had to share. With age, she could feast on the life given her and set others a place at her table. How many had shared their table with her?

Came a time she was tied to a bed, she hoped the memories of kind acts and loving relationships would sustain her. A tree in the window would also be nice.

cut

Life is a jig-saw puzzle. At birth, one enters a great hall. The only piece of furniture in the room is an enormous table covered with puzzle pieces. In the beginning, all you can identify are shapes and colors. Only as relationships and experiences, gains and losses unfold do the pieces begin to fit together. While parts of the puzzle remain a mystery for years, at any time, a piece can suddenly mesh and others follow.

In the end, at the beginning, we will see the whole picture.

2021

Fierce Mom

Vor kurzem hörte sie einen neuen Begriff: „Fierce Mom". Sie mochte das. Fierce Mom... ob Mensch, Hase oder Tiger, Mütter schützen ihre Jungen, geben ihr Leben für sie her. Nicht als „Opfer" (wie sie dem Wort misstraute), sondern aus einer tieferen Quelle heraus, eingebaut in unsere „Seelen-DNA", welche bei Gefahr automatisch unser Handeln bestimmt. Liebe. Sie war dankbar, dass die Liebe zu ihren Kindern ihr die Berührung mit dieser Wahrheit schenkte. Auch glaubte sie, dass ihr besonderer Freund und Vertrauter, am Hügel von Golgatha gestorben, die Menschen so geliebt hatte, wie sie ihre Kinder liebte. Alle. Bedingungslos.

Borrowed time

When her husband took his last breath, she immediately knew she, in turn, was born again. It was the birth of letting go. It took her well over a year after his death for the meaning of this revelation to sink in: We are living on borrowed time. Or perhaps better said, on given/ gifted time. She too, would die. Today, tomorrow, in twenty years. It made no difference. There were no rules, goals, losses or gains. No judgment, no good or bad. She was acutely aware of the significance of the present. It didn't matter how one defined this state: Zen, the Cloud of Unknowingness or just watching the grass grow.

And the bottom line? She was becoming the woman she already was.

The Jail Card

She remembered playing "Monopoly" as a girl. The game could go on for hours and she was really quite good at it: buying properties, putting up houses and hotels. Basically, Monopoly was a game teaching you how Capitalism works. Except for one thing: the jail card: "Go directly to jail. Do not pass Go. Do not collect $ 200,00".

She never forgot the jail card. In a spiritual context, it protected her from conceit and arrogance. There had been times in her life when her Higher Self gave her the jail card: "Stop what you are doing. Consider. Wait. Take a deep look at the path you have chosen."

Garden Mites

She had miniscule mites in her garden, their bites itching like hell for up to six weeks' time. Scratching could result in infection.

She had tried everything: Covering herself from head to toe when she went to the garden, every insect repellant on the market, spraying the grass with a bio-chemical weapon...nada. The only thing that really worked was not to scratch. To leave them be. The less attention they got the less they itched.

She began viewing the mites as a metaphor for the demons in her head: Thoughts bar positive qualities of any kind. Just like the garden mites, the better she was able to let them ride and get on with her life, the less they pestered and festered.

Funny, how bitchy little buggers in life can be so helpful.

Eating her Words

She was sitting on the balcony with her morning coffee. All at once, the cat, who had been eating her breakfast, came out and threw it all up in front of her. After a time, Fini sniffed her vomit and re-ate it.

While not a pretty sight to see, the metaphor "eating your words" popped up in her head. As of late, she had been propounding a lot: About her life work, about all she had learned, about the superpower of age and the wisdom acquired.

She wished she could as easily eat her words as the cat her vomit. Still, the message from her Higher Self was clear: "There is work to do. Cut the crap and focus daily on tasks as they present themselves."

Like Fini, she had gulped her words down the first time and they had regurgitated. Eating them again was anything but tasty, but they were definitely nourishment.

Thanks, Higher Self.

Ice Cubes

She loved ice cubes. Coming from the States and having lived for over fifty years abroad, she still put them in her drinks. Except for an occasional whiskey on the rocks, the Europeans were not keen on this practice.

Traditions and habits passed down play not only a role in our thinking but also in how our body reacts/adapts. In Germany, she was repeatedly confronted with the "absolute truth", that an ice cold drink produced a dangerous shock for the body metabolism. Her metabolism thrived, the colder the better. Room temperature beer, soda, tap water…that could definitely turn her stomach! Another example: Women in most countries would not think of visiting the sauna shortly before giving birth. In Scandinavia, it is a normal practice.

This naturally goes beyond the question of ice cubes or saunas. We not only become what and how we eat, we in turn react to the hot, the cold, the wet and the dry. In short, to our given environment. Cold, dark countries produce other stories, paintings and compositions than those told, painted and composed in warmer climates.

So what's to learn here, she pondered? Perhaps, that variety is the zest of life and that no power, however great, possesses the right to optimize how we live according to their "truths".

The "best ideas for the planet" from Bill Gates and Co.? That's not optimizing, that's colonializing.

Life is messy

Recovering from a small but necessary operation meant more time in the horizontal: A prime opportunity for thinking and reflecting. There were endless global conflicts to hold her attention, such as the pandemic or the Near East. But what about personal quirks, bad habits? For example, she had spent years trying to quit nail biting. To no avail. A bad habit, in her eyes, was just a nicer name for an addiction. Bad habits were nasty, negative comfort zones we kept alive and kicking with excuses. There was definitely truth in the old saying "The road to hell is paved with good intentions."

Life is messy, to say the least, messy and complicated, and while we humans could be endearing mammals, we also possess the ability to be tremendously stupid. For example, how much damage had the need to feel superior caused through the centuries? Was she "better" because she "only" bit her nails? How did that differ from craving the next smoke? Was book addiction superior to Netflix addiction, the obsessive knitter a step above the obsessive social media freak? What about thinking you know how to save the world, be it from the left or the right, from a religious or an academic position? Not eligible as an addiction?

She was a big fan of the Twelve Steps, especially the first two:

1. We admitted we were powerless over alcohol (i.e. drugs, megalomania, nail biting…) and that our lives had become unmanageable.

2. We came to believe that a Power greater than ourselves could restore us to sanity.

Feng Shui as such

She had only a superficial conception of feng shui, a practice originating in ancient China, claiming, with the help of bodies of water, stars and compass readings, to optimize qi. Qi interpreted as the invisible, harmonizing force connecting earth and humanity with the universe. For centuries, in eastern cultures, feng shui has been used to orient buildings, in particular those thought to be spiritually significant, such as tombs and gravesites. In the West, feng shui enjoys popularity in esoteric circles.

She knew all was connected, but felt no need for intensive study as to how. Hers was a lively dialog with both the animate as well as the inanimate. Paying attention to whatever she was doing, be it hanging the wash, painting, answering emails, writing, riding her bike or cleaning. If she got off track, her surroundings helped her via coincidences or interruptions. She might trip over a chair and know it needed to be moved, drop a brush and hear the painting tell her to take a break.

Arrangements are constantly in a process of alteration or deletion. After her husband's death, the "qi" in his studio came into motion. The task of sorting, saving or letting go of what she found there took on the quality of a spiritual digging, giving her new insight into his life. She took each drawing, each book, each object in her hands, listening to their stories before deciding their fate. For her, that was feng shui enough. Harmony, she believed, was a state of mind.

Sahara Sand

A few days before the cold weather hit, she noticed an orange sky in the evening. The atmosphere was hazy, the light strange but beautiful.

The biggest surprise came the next morning: All the chairs on the balcony wore a thin coat of sand! The sand wasn't exactly orange, rather what the French called "sanguine", or even closer, "burnt Siena". Burnt Sienna was one of her favorite colors, showing up in her paintings as well as in her choice of wardrobe. The news explained the incident: Sand from the Sahara. High winds had transported the fine particles for hundreds of miles. In awe, she ran her finger leisurely across the dust, rubbing the color between thumb and forefinger, smelling and even tasting the grains with the tip of her tongue.

She would never visit the Sahara, yet this freak of nature had brought the desert to her doorstep and with it the memory of a similar wonder, experienced decades earlier: High in the Vosges Mountains, she had found white sand and shells on the path. Her hiking friends told her the region was once submerged under a great basin of water. Miracles at the tip of your fingers. Who could ask for more?

After the Staycation

She was used to going to a cloister after Christmas. This being out of the question in the pandemic she had opted for a "staycation", as a friend called it. On this day, February 2nd, Candlemas, her inner retreat of four weeks ended. She had planned to write, but instead found herself at the window, watching the rain. It was still dreary, even though February brought the promise of longer days. Candlemas was an important Catholic holiday but she wouldn't be going to church. Corona Lockdown. The kids were too concerned for her so she didn't press the matter.

Changing one's daily rhythm can be manifestly exhilarating. Time, in general, experienced in diverse tempos, is a theme this retreat had made her more aware of. Dancing or singing, painting or photographing, slamming or writing a novel, walking or biking, driving or flying... how one assimilates time has more influence on who we are than we may realize. We will never go back to when the farmers watched their crops grow, knowing the seasons and the moves of the moon. Romantic notions often seeped into the views of earlier times, she thought. One could spend sleepless nights over what the world had become and even worse, was becoming. She opted to stay grounded in reality, however difficult, armed with hope and the belief in the Good in the world.

As was always the case with her time at the cloister, this "staycation" had been a spiritual wrench thrown into the cogwheels of daily routines. It was always good to mix things up a bit, get out of the box. She was privileged to have food and shelter and not live in a war zone. She could manage her time and, if she felt the need, change the tempo. The funny thing was, when she told her friends she was going off the grid for a few weeks, most responded with: "Oh how wonderful, I wish I could do that!" Well... why couldn't they, why didn't they? Was it because they think it involves having the right techniques, the perfect setting, being totally free from all other distractions and responsibilities? There is a difference between getting away and getting into. Getting away is escape, getting into is an adventure. Once a man had asked her when she meditated. Without thinking, she responded. "When the light is red." To be sure, retreats were special, but what she had learned by integrating them into her life, was that all it boiled down to was a willingness to give the Unknown time.

Essence, Connection and Abundance

She had a habit of jotting down words that came to her on scraps of paper. It was always like finding candy when she would retrieve one stuffed away in an apron pocket or between the journals in the bathroom. This time the crumpled-up note read only three words: essence, connection and abundance.

Essence…what was the same for all, basic to the human condition? Was there an "essence" of life?

She normally used "Leo", but on an impulse took out her old Webster Dictionary. It weighed heavy on her lap, heavy but surprisingly familiar, even though it had been on the shelf untouched for decades. The pages were thin and the print miniscule, but with the help of her reading glasses, she found the word "essence":

- Latin essentia from esse to be
- The permanent as contrasted with the accidental element of being
- The individual, real, or ultimate nature of a thing especially as opposed to its existence
- The properties or attitudes by means of which something can be placed in its proper class or identified as being what it is
- Something that exists. ENTITY
- Of the utmost importance, being the most significant element, quality, or aspect of a thing or person
- An oder, such as perfume, in concentrated form

From "e" she leafed back to "c" for "connection":
- the act of connecting, the state of being connected
- a relation of personal intimacy
- casual or logical relation between two ideas
- a person connecting with others esp. by marriage, kinship or common interest
- a means of communication or transport
- coherence, continuity

And lastly, "abundance":
- an ample quantity, an abundant amount
- profusion, affluence, wealth

She ran her hands over the pages of the dictionary, inhaling the smell of accumulated dust and print. It felt safe to touch this book. The same safe experienced when entering a library, a museum or a building of worship. Safe. Others before her had done their best, had left us signs, words, paintings, music and prayers. This was the only safe she desired: A link to those who, like herself, had searched for essence, connection and abundance.

The Pursuit of Happiness

Can one „pursue" happiness? Was it even worth pursuing? It obviously didn't always mean getting what you wanted. The world was full of people who got their wants filled but were nowhere close to being happy. Quite a number of billionaires nowadays, she thought. Always hungry. A different kind of hunger than what the body needed to thrive. Those driven by power were more than hungry. They were addicted. Berthold Brecht had supposedly said: "You can only sleep in one bed." At the end of the great movie "Citizen Cane", you find out the magnet's last word "rosebud" referred to his childhood sleigh. One bed. One sleigh.

Of course, there are people who have money but do not sell their soul to the buck. Still, the more you have the greater the risk of getting lost, bored and addicted. So if wishes and more wishes and addiction are a dead end, back to the question: Can we pursue happiness? She thought not. In her life, she had been the happiest during times it had not even crossed her mind. When out of the blue, something or someone struck her as being absolutely amazing. Chance? This she also did not believe in. She knew the stories of those who had found happiness by not pursuing it, whose happiness had been free from circumstances. So what did she learn from their stories?

She had written before about service, purpose and choice, about the Golden Rule. Do unto others... love thy neighbor as thyself... interesting, wasn't it? The others, the neighbors, they were named before the self. So basically this told her, self-love came from loving others: the gift given, the gift received, bar worrying about it or working towards it.

One does not have to pursue gifts. A dance, a kiss, a way of life, this is what happiness meant to her. Ahimsa, the ancient Indian principle of nonviolence, is inspired by the premise, that all living beings possess the spark of the divine spiritual energy. Therefore, to hurt another being is to hurt oneself as is to give happiness is to reap happiness.

Purpose

Some individuals really show purpose, determined to excel at whatever they set their mind to. She saw purpose as neutral. Hitler had demonstrated purpose, as had Mother Teresa. Some say they are looking for purpose while in reality dilly-dallying around in their comfort zones. Others justify their egotistical actions by propounding there is no such thing as purpose.

If purpose were indeed neutral, when did it lead to joy and giving as seen in Mother Theresa, opposed to the horrors Hitler set in motion? In other words, what is involved when a person sets out to seek, in lieu of a better word, the Good?

Facing up to one's own mediocracy sounded like an excellent starting place. Me-first neediness and dyed in the wool habits harmful to others and oneself had to go. As is true for any worthwhile undertaking, developing a taste for humility and service never happens overnight. If, for example, you are drawn to exquisite wines, you must be willing to pay the high price for a Grand Cru, but also need to sensitize your tongue to savor it. We all crave enlightenment on a Grand Cru scale but more often than not prefer to skip over the personal endeavor part, opting instead for power, BMWs or simply Netflix.

She liked the Golden Rule, found in almost every ethical tradition: "Treat others as you would like others to treat you." Living by this maxim definitely helped humility and service become second nature.

Like your tongue recognizing a Grand Cru. Like breathing.

Prosperity

What did a society need to prosper? Before she could answer this question, she needed to define prosperity. Just for fun, she checked out Wikipedia:

"Prosperity is the flourishing, thriving, good fortune and successful social status. Prosperity often produces profuse wealth including other factors which can be profusely wealthy in all degrees, such as happiness and health."

Hmmm, that definition definitely didn't work for her. Happiness and health dependent on wealth and social status were no guarantee for inner peace. What about those heroic individuals through time, bar wealth and social status, who experienced abuse and failure but left us an amazing heritage in the humanities, the arts, science and spiritual discourse?

Prosperity as defined by Wikipedia left out the very component giving life meaning and purpose: challenge. Without challenge, a person cannot grow mentally, spiritually or socially and the comfort zone of wealth, status and "happiness" can evolve into a comfort prison.

OK, so she definitely added challenge to prosperity. And even then, it was clear to her there could be no "ideal" society: The freedom of the individual would always clash with the needs of society as a whole. Education yes, but by what method? Mobility yes, but what about the environment? If you were overly traditional, you might fall for Fascism. If you came from a working class background and fought for your rights, Socialism or Communism could attract you. History taught us, that the political and moral positions of those in power legitimized the right to the brutal eradication of those who failed to agree.

Churchill had claimed democracy was far from perfect, but the best we had turned up with yet. She agreed. For anything close to democracy to work required dialog, debate and the willingness to listen. In our times, the freedom of the individual above all undermined institutions and beliefs that in earlier times offered an underlying structure for this process. People on all sides of the social spectrum, feeling overwhelmed, discriminated, ignored, anxious and impotent, were morphing into haters. And once Pandora was out of her box, she brought chaos with her.

But wait a minute, she thought. Chaos? What about Paul Claudel's opinion, reason loved order while imagination loved chaos. And wasn't imagination a sister to challenge?

Wann ist jemand allein?

Sie war froh, für dunkle Stunden die Fähigkeit erworben zu haben, Erinnerungen an geliebte Menschen, schon gestorben oder weit entfernt, sowie an gewesene Orte und Begegnungen mit Tieren und Natur vergegenwärtigen zu können. Wann ist jemand allein, überlegte sie. Vielleicht, wenn die Fähigkeit in Beziehung zu gehen abhandengekommen ist. Eine Hölle der Nichtberührung kann in den Tod führen.

Das Üben, die Kraft, positive Erlebnisse in negativen Situationen aufzurufen, kann einen gegen Missbrauch und Verlust wappnen. Ja, einen für die letzte Begegnung vorbereiten, nämlich für die mit dem Tod.

What counts

Why do we fall in love? What are we looking for, who are we looking for? Admittedly, the first rush can be intoxicating but also addictive. The ego does not love, the ego wants. The real thing never gets boring, in her eyes one of the greatest pitfalls facing relationships. In earlier times, especially women wore the butt of discrimination when relationships terminated. Single, or even worse, divorced? Children out of wedlock? Yet Barbie dolls continued to sell along with a percentage of women still looking for a Prince Charming to take care of them.

Love and endurance, or better said, love and enduring. Her parents had stayed a couple for over 50 years, till death did them part, opting for respect and tolerance over wishful thinking.

Grandeur and Horror

Grandeur and horror. Both were out-of-body experiences, giving you a glimpse of a reality beyond reality. They could not simply be explained away as synapse short-circuits or plays of the mind and the emotions. She knew this because of their dense intensity. Grandeur and horror conveyed her to perception palaces yet unknown. Seldom was the grandeur solely grandeur or the horror solely horror. Grandeur in horror, horror in grandeur were more often the case. Only the passing of time offered a better understanding of the purpose and deliverance involved.

There were no "like" or "dislike" buttons to push when grandeur or horror came her way, no fleeing to another space. The irrevocable force could, at any given time, yank her out of her box. So where was she if not in her comfort zone? She knew from experience, that everywhere and nowhere could be confusing and unreal. Even so, out of the box was this unimaginable space for adventure and transformation! Grandeur and horror had whittled her down to the bottom line of accepting she was, and had always been, the person she hoped to be. She knew this might sound presumptuous, but her reason for writing it down was another: "Hey people, there really is gold at the end of the rainbow. Go for it!"

Heritage

What will remain, be passed on?

Painting, composing, writing. She saw these three as substantial, most likely to survive the centuries.

Singing, dancing, praying, were the ethereal ones, those of the moment.

If our digital house of cards tumbles, she thought, we will still have the cave drawings, the canvases, the words written on banana leaves and paper. Mozart's compositions. And as before they will give birth to new songs, dances and prayers.

Why do we concern ourselves with loss? Energy cannot be lost, love cannot be lost. We can chose joy even if only one glade of grass, one ant, one babe born is all we have known. And we can tell of the blade, the ant, the child via color, composition and word.

Appropriate

One thing she knew for sure: It was best to do what you do best when you do it best. That is, when the action, the deed, the move is appropriate. Sounded simple enough, but in reality it involved a lot of trial and error. Worrying about whether one was appropriate, believing one was more appropriate that others, wanting to be seen as appropriate, were just a few of the pitfalls. Being appropriate was not necessarily d'accord with what the society you lived in considered appropriate. Appropriateness could sometimes be judged as morally questionable. Had it been appropriate for Claus Schenk Graf von Stauffenberg to plot to assassinate Hitler? Or, at the same time, appropriate for the radical pacifist Helmuth James Graf von Moltke to repudiate this plan? For their actions, both paid with their lives.

Sometimes, a single person's appropriateness can be so intertwined with the times it changes history: Mahatma Gandhi for example, or Rosa Parks. Both did exactly what they did best in exactly the time and place they could do it best. And because of this, the world was never quite the same. In reflection, "doing" or "deciding" didn't appear to her the best way to approach appropriateness. You could wish for it, pray for it, but only the letting go of wishes and prayers allowed the greater good of the universe to decide when it was appropriate for you to serve as a conduit.

What one can do, she concluded, was take care of the day and look to be of service when needed. "Be prepared" was the motto she had learned as a girl scout. Not such a bad idea.

Angemessen

Eins wusste sie mit Sicherheit: Das, was man am besten kann, tut man am besten, wenn man es am besten kann. Das heißt, wenn die Handlung, die Tat, der Schritt angemessen ist. Das hört sich einfach an, aber in Wirklichkeit verbirgt es eine Menge Versuch und Irrtum. Die Sorge, ob ich angemessen bin, der Glaube, angemessener zu sein als andere, der Wunsch, als angemessen angesehen zu werden, waren nur einige der Fallstricke. Angemessenes Verhalten war nicht immer im Einklang mit den Vorstellungen der Gesellschaft, in der man lebte. Angemessenheit konnte als moralisch fragwürdig beurteilt werden. War es für Claus Schenk Graf von Stauffenberg angemessen gewesen, ein Attentat auf Hitler zu planen? Oder war es gleichzeitig angemessen, dass der radikale Pazifist Helmuth James Graf von Moltke diesen Plan ablehnte? Beide haben für ihre Taten mit dem Leben bezahlt.

Manchmal kann die Angemessenheit einer einzelnen Person so sehr mit der Zeit verwoben sein, dass sie die Geschichte verändert: beispielsweise bei Mahatma Gandhi oder Rosa Parks. Beide taten genau das, was sie am besten konnten, und zwar genau zu der Zeit und an dem Ort, an dem sie es am besten tun konnten. Und deshalb war die Welt nie mehr ganz dieselbe. Wenn sie darüber nachdachte, erschien ihr das „Tun" oder „Entscheiden" nicht als der beste Weg, sich der Angemessenheit anzunähern. Man konnte sich die Angemessenheit wünschen und dafür beten, aber nur das Loslassen von Wünschen und Gebeten erlauben es dem größeren Wohl des Universums zu entscheiden, wann es für einen angemessen ist, als Kanal zu dienen.

Was ich tun kann, schloss sie, ist mich um den Tag kümmern und versuchen, mich nützlich zu machen, wenn ich gebraucht werde. „Be prepared... sei vorbereitet" war das Motto, das sie als Pfadfinderin gelernt hatte. Keine so schlechte Idee.

Pliable

She liked the word "pliable". A branch on a tree is only pliable if it is green and pulsing with sap. It pleased her to imagine herself as such a branch. Not a major one near the trunk, but closer to the top, strong enough to carry the birds but able to swing in the breeze. A branch, connected to the depths of the tree's roots while soaring high with the sun and the rain.

In the mornings, she would take her coffee and sit in her studio, looking out the window full of trees. What a view! The trees were with her through the seasons, through loss and healing and joy. Over time, as was with her, they too grew visibly older, bare branches sticking out like bones between the green. But always were they beautiful and dignified to the very end. And useful! Even after decay, insects and small animals lived in their carcasses. Yes, it would be nice to be a branch.

She had never been much of a traveler, often joking trees were green the world over. Dusky evenings often found her on the balcony, drinking in the dark silhouettes of the trees against the setting sun. Her special ones became magic carpets, whisking her away to the Savannahs of Africa, the swamps of the Everglades or exotic South Sea islands. If a time came she could no longer leave her bed, she prayed the feeling of wonder would sustain her. As would a tree in the window.

Biegsam

Sie mochte das Wort „Biegsam". Ein Ast an einem Baum ist nur biegsam, wenn er grün ist und voller Saft pulsiert. Es gefiel ihr, sich selbst als einen solchen Ast vorzustellen. Kein großer Ast in der Nähe des Stammes, sondern weiter oben. Stark genug, um die Vögel zu tragen, aber auch schwingend im Wind. Ein Zweig, der mit den Wurzeln des Baumes verbunden ist und gleichzeitig bei Sonne und Regen hoch aufsteigt.

Morgens saß sie mit ihrem Kaffee im Atelier und schaute aus den Fenster auf die vielen Bäume. Ein solcher Ausblick... wer konnte sich mehr wünschen! Die Bäume begleiteten sie durch die Jahreszeiten, durch Verlust, Heilung und Freude. Mit der Zeit wurden sie, zusammen mit ihr, sichtbar älter. Kahle Äste ragten wie Knochen zwischen dem Grün hervor. Aber immer waren sie schön und würdevoll bis zum Schluss. Und nützlich! Selbst nach dem Tod lebten Insekten und kleine Tiere in ihren Kadavern. Ja, es wäre schön, ein Ast zu sein.

Sie war nie eine große Reisende gewesen und scherzte, dass die Bäume überall auf der Welt grün waren. Oft in der Abenddämmerung weilte sie auf dem Balkon, um die dunklen Silhouetten der Bäume im Licht der untergehenden Sonne zu genießen. Ihre Lieblingsbäume verwandelten sich in fliegende Teppiche: Mit einem flog sie in die Savannen Afrikas, oder auf exotische Südseeinseln, mit einem anderen erlebte sie die Sümpfe der Everglades. Käme eine Zeit, in der sie nicht mehr ihr Bett verlassen konnte, betete sie vom Staunen getragen zu werden. Und von einem Baum vor ihrem Fenster.

Safe

Mid-March 2021. Lockdown and no end in sight. Vaccine chaos in Germany. She spent hours wandering around the apartment, picking up this or that and letting whatever crossed her path determine the next step. All that surrounded her was the diary of their lives. Safe, that's what it felt like…safe. It wasn't that she held on to old things, but she did respect their qualities, their energies, their ability to revive lost thoughts and memories. All the same, she no longer needed such a large space. If it became necessary and appropriate, she could leave this apartment, this street, even this town. She knew a small bag for her belongings would suffice. The past and the present would be in the bag, but also room for the future.

Sicher

Mitte März 2021. Lockdown und kein Ende in Sicht. Impfstoff-Chaos in Deutschland. Stundenlang wanderte sie in der Wohnung umher, nahm dies oder jenes in die Hand und ließ sich von dem, was sie fand, den nächsten Schritt vorgeben. Alles, was sie umgab, war das Tagebuch ihres Lebens. Sicher, so fühlte es sich an... sicher. Es war nicht so, dass sie an alten Dingen hing, aber sie respektierte ihre Qualitäten, ihre Energien, ihre Fähigkeit, verlorene Gedanken und Erinnerungen wiederzubeleben. Trotzdem brauchte sie nicht mehr so viel Platz. Wäre es nötig und angemessen, könnte sie diesen Ort, diese Straße, sogar diese Stadt verlassen. Sie wusste, dass eine kleine Tasche für ihre Habseligkeiten ausreichen würde. Die Vergangenheit und die Gegenwart würden in der Tasche Platz finden, so wie die Zukunft auch.

Gemäß

What was, "gemäß", that is, appropriate, just and suitable, allowing for both change and sustainability? Progress was definitely being made to overcome hunger and scathing poverty, but what about the poverty of the soul, our hunger for spiritual nourishment? New solutions and paths involve systemic change and that's a tough cookie to crack. Mountains could be moved, but the tool for the job was more likely to be a spoon than a hydraulic shovel. Gratifying results were seldom achieved in the short span of a lifetime. Yet, as had always been the case, we diligently seek for better lives for our kids and for their kids. How better to define "gemäß"?

2022

Choice and Democracy

She loved Goya's portrayals of the most despicable things human beings can do to one another because they were so amazingly beautiful. For her, there was no injustice, no abomination forbidden to paint, write or sing, as long as it entailed beauty.

She yearned to write as Goya drew, to bring to paper both the terror and the beauty of what she have lived. She knew she was not Goya and that she could not make this happen. Only the acceptance of her limitations offered the chance her Higher Power could move through her onto the page. She believed in this power, believed it was not interested in perfection. Why else should we have choice, resulting in both destruction and greatness? Simone Weil prayed to be blind, deaf, dumb and inspired. Inspiration was not dependent on intelligence or talent. It could manifest at any time through anyone and anything. This she viewed as the democratic character of her Higher Power. True democracy was pure love: equality bar expectations.

www. and away

She had been a late-bloomer in the brave new www. world. Even prior, if she read a newspaper at all it was usually only the Feuilleton section. In addition, they had never owned a television. He had been in possession of a key to their neighbor's apartment upstairs and could happily zap around on their big screen when no one was home. Complaining of too little sleep mornings, she knew his normal TV consume for sports and politics had been enhanced by the irresistible pull of late night films and reruns. The kids complained of course, that Dad was allowed and they were not, but she knew they got sufficient prime time at friends' houses. In the early nineties, on a whim, she had turned a television on with the remote control. When it offered her a "menu", she thought she was already tuned in to a gourmet station.

The alternate universe of babies and small children left her little time to catch up on the greatest communications revolution since the invention of the printing press. But at age fifty, it became clear to her, she could no longer afford to remain a digital illiterate. The problem definitely needed to be taken off the back burner. Starting with computer 101, she eventually mastered the necessary tools to use the net for her personal needs. She found the process comparable to learning how to drive a car. Once you got a handle on the basics, you had to drive regularly and keep up with car developments and traffic regulations. "Use it or lose it", as her father always said, although he was referring to something much more intimate. It was also handy to have kids she could ask. Theirs had grown up in the Nineties and were referred to as the "switch generation". Unlike children today, the younger years had been free from touch screens, WhatsApp and Facebook. During puberty though, they caught up fast.

In her childhood, the small-town library had been her second home. Now, sitting in her apartment online, she could find detailed information on almost any subject given. For her, the real and the virtual enhanced rather than competed. For her girlfriend of ninety-nine years, the internet was a window to the world.

Of course there was the dark side. Is there ever not? The rich and powerful continue to do what rich and powerful have always done: expand wealth and control. And if among their own they disagree, they go to war about it. We all know who suffers from that. The crazy part is, are their deadly power plays far enough in the past, we have a tendency to compartmentalize away destruction and devastation, concentrating rather on cultural achievements. Art history example 101: The Medici made their fortunes by having the monopoly on corpse shrouds during pest times, while also funding Michelangelo to do his magic. Or take the pyramids, built before the wheel had yet to be invented. How many slaves lost their lives moving those huge blocks of stone? Man-made world wonders and cultural heritage were always achieved with the sacrifice, blood and suffering of the powerless. True, in the global digital world, Huxley's vision could move from dystopia to reality. She, although, was thankful for the word "resilience", presently making the rounds, firmly believing the younger generation would rise to the call.

Eclectic Zapping

Through the ages, there has been a search, a need, to find out who and why we are. Theology and the humanities had formed her personal life but she also enjoyed field trips into the natural and formal sciences. She was definitely for the eclectic approach: trying out all the "mind clothes" in the great department store of thought and discovery. How did ideas, science, the humanities, politics, theology, philosophy and psychology interact? Add music, comedy, story-telling, painting, dance, architecture and conceptual art to the mix and off she was, zapping around in the Internet. At present, the questions considered by ethnology and hermeneutics had caught her eye, ethnology seen as the study and comparison of the characteristics of different people and their interrelationships. Hermeneutics sought to interpret gathered wisdom with the goal of understanding and communication. Modern hermeneutics included both verbal and non-verbal communication.

She liked Ecehan Gozen's (TEDxYouth April 4, 2021) definition of cultural diversity as the complementary power of difference. She believed, if there were universal truths, they could only be found when openness, respect and the will to listen defined the climate of shared dialogs. Originally, hermeneutics and exegesis were used interchangeably to interpret scripture. Augustine thus encouraged the interpreter of the Bible to seek a good manner of life and to love God and one's neighbors. Even though hermeneutics were now viewed in a wider perspective, to her it still sounded like a good plan. Unfortunately, things tended to break down when clashing ideologies viewed their opinions as "the objective truth", resulting in cancel culture, dogmatic morality and—worst case scenario—war and disaster.

But what was objective? Could there even be an objective position? Is not everything we know, suffer and love filtered through our individual and social experience? Norms and guidelines help us from feeling lost in the vastness of the Vast. But why the urge for black and white explanations? Our "Kulturbrille", our culture-glasses, may help us to make sense of our own norms and traditions. Yet often enough we can be unknowledgeable and intolerant about what takes place outside of our box.

By nature more akin to chaos, she respected the role of order. Balancing both was a life-long undertaking. She liked to ponder over likenesses and differences. How, for example, did climate play into the forming of customs, religions and social-rituals? For fun, she enjoyed matching character traits to countries. At home in the States, people often had to have more than one job to get by or were unemployed with no health insurance. Violence and discrimination were abound in schools and public places. Yet they were so friendly! On the street, in a grocery store, at the doctor's: You would think the people you ran into were your best friends! She knew Europeans saw this as superficial. While to some extent true, it still didn't account for the fact that friendliness and humor had been imbued into the Forefathers and Mothers of her country: Those crazy religious fanatics, criminals and losers, migrants and dreamers who came looking for freedom. Those who had roughed it out as pioneers moving out West. No question: The railroads were built with the slave labor of the Chinese and genocide committed on the Native Americans. All the more reason to question, why to this our day the poorest derelict sitting on a street corner in Miami could give you such a dazzling smile? In Germany, people often looked at their feet when passing.

Ethnology and hermeneutics were subject to change: opinions, modes, preferences and biases of the time were always involved. In her opinion, this was true of all sciences. You can never extract the human element from the research. The more globally we interrelate, the more everyone and everything gets thrown in the melting pot. At times, the soup tastes good, other times, we miss some of the seasonings our Grandmothers used.

Publications

1994 - 2023

Selbstbildnis, Ätzung 1982

Der „Frauenaltar"
Triptychon mit Predella
Tafelmalerei beidseitig bemalt
1991/1992

„Frauenaltar" Ausschnitt Vorderseite, Emulsion auf Holz 1991

1994
Gedanken zum „Frauenaltar"

Der „Frauenaltar" ist aus meinem Bedürfnis entstanden, eine Hommage auf die Frauen zu malen. Mir geht es darum, die religiöse, erotische und kultische Identität der Frau darzustellen. Ich suche eine bildhafte Umsetzung von Alltag und Transzendenz, Gewalt und Trost, Verlust und Gewinn, Einzelschicksal und historischer Dimension. Was heißt es, Gott aus seiner weiblich-mystischen, sinnlich-fürsorgenden Mitte nachzuahmen?

Bei diesem Werk verbinde ich eine in der abendländischen Kunst vertraute Form des Klappaltars mit irritierendem Inhalt. Auf der Vorderseite („VORBEREITUNG ZUM MAHL", „TOTE") wird das Spannungsfeld zwischen Freude (= rot) und Leid (= schwarz) durch die fröhliche Mahlgemeinschaft oben und die vergewaltigte Ermordete auf der Predella unten angesprochen. Das Bild hat wenig mit einem vordergründig emanzipatorischen Austausch der Geschlechter bei bekannten Szenen der Kunstgeschichte zu tun. Vielmehr verstehe ich die Frauen als Sinnbilder für die uns abhanden gekommenen weiblich-intuitiv und lebensbejahenden Elemente einer gnadenzentrierten Spiritualität.

„ECCO HOMO" (mittlere Tafel, Rückseite) behandelt die Themen Leiden, Gewalt, Trost und Befreiung. Eine Frau wurde mit Strom gefoltert, zwei weitere stützen sie. Eine Vierte reißt das Fenster auf, Licht und Luft hereinlassend. Im Hintergrund zerstört eine weitere Frau das Foltergerät. Die sechste Frau wirbelt aus dem Bild, dem Betrachter in die Arme. Alle Reaktionen gemeinsam sind Teilnahme, Solidarität und Bereitschaft, sich berühren zu lassen vom Leiden anderer.

Das Weltbild Paul Claudels (1868-1955) spiegelt sich in seinem epischen Hauptwerk „DER SEIDENE SCHUH". Claudels Frage lautet, „Wie ist es möglich, ganz weltlich und ganz gottgehörig zu sein?" Sein Gottesverständnis schließt die Liebe und die Sünde – dargestellt an der Beziehung zwischen Proëza und Rodrigo – in die Schöpfung ein.

Bei Claudel ist die Macht der Frau gleich der Macht der Gnade. PROËZA (linke Seitentafel, Rückseite) verkörpert in ihrer Person Mut, Sinnlichkeit und Geist. Von der Leidenschaft überwältigt, bricht sie mit Konventionen, ohne sich ihrer historischen und ethischen Verantwortung zu entziehen. Proëza ist die große sophianische Frau, die sowohl die Transzendenz der MARIA (links) wie auch die Welt und die Erotik der EVA (rechts) verkörpert.

Als Gegenüberstellung der Proëza tritt in der Mitte der rechten Seitentafel die Schwester von Paul Claudel, CAMILLE CLAUDEL (1864-1943) auf. Camille war eine hochbegabte Bildhauerin und die Geliebte von Auguste Rodin. Ihr Bruder Paul lehnte das außereheliche Verhältnis ab und trug Mitschuld daran, dass Camille dreißig Jahre ihres Lebens in einer Nervenheilanstalt zwangseingewiesen war. Claudel gab aber wiederum der Proëza viele Züge seiner Schwester. Proëza verstehe ich als das erlöste Selbst der Camille. Auf meinem Bild wird Camille, obwohl in der Ablehnung verharrend, liebevoll von zwei Frauen getröstet: ELISABETH VON DIJON (1880-1906), Karmeliterin und Mystikerin und SIMONE WEIL (1909-1943), Jüdin, Revolutionärin, Philosophin und Mystikerin.

Der „Frauenaltar" ist auch eine Hommage an das „Hohe Lied", ein Plädoyer für die Überwindung des abstrakten Dualismus und für die Wiederentdeckung des erfahrbaren Eros, der die Einigung und Beseelung der Gegensätze bewirkt. Das „Hohe Lied", Sinnbild einer von Gott gesegneten personalen Liebe und der Kraft des männlich/weiblich Prinzips, kann nur in einer von Gnade geprägten religiösen Atmosphäre gedeihen. Wir alle aber, Männer und Frauen, sind verstrickt in einem patriarchalischen Vergeltungssystem. Der Weg der Befreiung läuft über den Verzicht auf Rache. Kraft dieses Verzichtes können Eros und Gnade zur Bejahung des Körpers, zur Wiederbegegnung der Geschlechter und zu einer sinnlichen Spiritualität führen, welche in seiner ganzen Fülle uns beglücken kann.

Aus:

Sehen – Verstehen – Feiern Anregungen für die Frauenarbeit,

Der „Frauenaltar" von Candace Carter FrauenWerk Stein e.V. 1994

Der „Frauenaltar"

Berührt von Leid und Leidenschaft

„Frauenaltar" Ausschnitt Seitenflügel links, Emulsion auf Holz 1991

1994
Berührt von Leid und Leidenschaft
Interview mit Candace Carter zu ihrem „Frauenaltar"

Was bewegt eine dem Realismus verpflichtete Künstlerin des ausgehenden 20. Jahrhundens, diese sakral aufgeladene Bildform zu wählen? Der „Frauenaltar" nimmt ja formal und ikonographisch auf prominente Elemente der christlichen Kunst Bezug. Zum einen auf das Triptychon, den dreiflügeligen Altaraufsatz aus dem späten Mittelalter. Dessen Gestaltungsprinzipien werden hier aufgenommen: Es gibt eine (unbunte) Werktagsseite und eine (warm leuchtende farbige) Feiertagsseite; auch die Anordnung des Bildprogramms auf Innen-, Außen-, Seitentafeln und Predella (das ist die untere, den eigentlichen Altasaufsatz bildende Tafel) entspricht weitgehend dem Vorbild. Und zum anderen verweist natürlich die Mahlgemeinschaft von dreizehn Frauen und einem Kind auf das Abendmahl.

Mir ist tatsächlich wichtig, dass ich mit der abendländischen Tradition nicht breche. Ich bin der Meinung, dass - obwohl unsere Tradition patriarchalisch besetzt ist - wir die Möglichkeit haben, sie jederzeit zu erweitern. Ich liebe manches in dieser Tradition und bin überzeugt, dass sie wichtige, ja universelle Elemente enthält. Ich verwende solche Elemente, die unsere engen Grenzen sprengen. Das Mahl ist ein solches Element. Jesus hat es gefeiert, aber auch in den vorchristlichen Naturreligionen ist das Mahl immer als kultisch angesehen worden. Ich wollte dieses Mahl zum einen als zentrales Element unserer Tradition und zum anderen als universelles Bild für Ganzheit und Spiritualität darstellen.

Die Form des Altars aus dem Mittelalter greife ich sehr gern auf, obwohl die Gottesvorstellungen und Gottesbeziehungen der Menschen damals nicht mit den heutigen vergleichbar sind. Die Vielfalt der Ansichten, die Möglichkeiten, den Altar zu- bzw. aufzuklappen, bieten mir als Künstlerin einfach mehr gestaltbare Fläche.

Mit der Predella, dem Ort des Leichnams Jesu im Grab, habe ich bewusst ein traditionelles Element aufgenommen. Hier liegt nun eine

Frau; die Präsenz des Göttlichen und die Solidarität Christi mit den Leidenden ist für mich immer gegenwärtig - in jedem Leid, in jeder und jedem Getöteten.

Manche stören sich an der vergewaltigten Frau, die unter der fröhlichen Mahlgemeinschaft liegt. Aber unser Leben besteht aus vielen Spannungsfeldern, z. B. aus Freude und Leid, so dass diese Frau notwendig hierher gehört.

Ich verbinde mit der vertrauten Form irritierende Inhalte. Der Rückgriff auf traditionelle Formen ist dabei eine Möglichkeit, die Betrachtenden zu einem Dialog einzuladen, ohne sie durch die veränderte Sicht auf die Inhalte abzustoßen.

Die Aufnahme der christlichen Bildtradition in den Figuren, Gesten und Requisiten wird immer wieder „unterbrochen"! Beispielweise gibt es bei der Mahlgemeinschaft keine exponierte Person in der Mitte des Tisches, im Gegenteil: Um die nichthierarchische Figurenkonstellation in der Mitteltafel zu realisieren, wird ein Ungleichgewicht in den Seitentafeln in Kauf genommen, Und dennoch verdichtet sich in der Ordensfrau rechts das Motiv: Sie hält das Brot in den Händen, sie blickt auf das Brot, sie ist konzentriert, ganz bei sich, und dadurch isoliert von den anderen, die sich unterhalten, lachen, einander oder die Betrachterinnen ansehen. Ähnliche kompositorische und motivische Spannungen finden sich auch in den Außentafeln und der Predella. Was ist Ihnen daran wichtig?

Das Thema Mahl interessiert mich, weil es die beste Möglichkeit bietet, unsere Religion als Gnadenreligion darzustellen. Weg von der patriarchalen Vergeltungsreligion, der Opferreligion. Das schlichte Mahl, Brot und Wein, die Verbindung zur ganzen Natur durch Brot und Wein, die Kommunikation und Kommunion zwischen den Menschen.

Paul Claudel stellt sich die Frage, wie der einzelne gehorchende Mensch zugleich Träger universaler, weitschaffender Visionen sein kann. Die Wahrnehmung dieser welthistorischen Dimension, der Verbindung zum Mysterium, kann jeder von uns eine ungeheure Sicherheit und Zuversicht geben. Ich möchte für Frauenarbeit meinen „Frauenaltar" nicht verstanden wissen als bloßen Austausch der Apostelfiguren durch Frauenfiguren. Ich versuche, über die Gestik, die Körpersprache, die Farbe und durch den weitgehenden Verzicht auf Gegenstände eine Verbindung zwischen Alltag und Transzendenz herzustellen. Es gibt nichts Alltäglicheres, als gemeinsam zu essen, und gleichzeitig deutet jedes profane Mahl auf das Übernatürliche hin. Die Farbe des Bildes gibt mir die Möglichkeit, das Transzendente darzustellen: Rot als Farbe der Liebe, der Lust, der Freude, auch der Revolution, auch des Schmerzes. Und das Schwarz außen auf der Rückseite als Farbe des Kreuzes, des Leidens. Ich möchte dieses Bild einspannen zwischen die zwei Pole von Weltlust und Kreuz: Das sind die Pole unseres Lebens. Je mehr wir diese Dimensionen in unserem Alltag wahrnehmen, sie alle zulassen: das Leiden, die Freude, die Lust, die Bereitschaft zum Opfer, desto eher können wir die Horizontale überschreiten in die Vertikale. Unser heutiges Leben enthält zu viel Horizontale, zu wenig Vertikale. Meines Erachtens wird das auch dadurch verursacht, dass wir die weiblichen Elemente in unserer Spiritualität vernachlässigt haben. Das fesselt uns in der materiellen, moralischen, fassbaren, messbaren, rein diesseitigen Welt. Nur wenn wir die weiblichen Elemente unserer Religion nicht länger vernachlässigen, die eher mit dem Unsichtbaren zu tun haben, mit der Frage der Einwohnung Gottes, der Schechina, und der Ruach, der Geistkraft Gottes, können wir wieder in die Mitte gelangen, in der beide Extreme ausbalanciert sind. Der Verlust der weiblichen Elemente in unserer Religion führt zum Verlust der Offenbarungssubstanz. Das Patriarchalische, das - wenn man will - aus historischer Notwendigkeit entstanden ist, hat nichts mit der Offenbarungssubstanz zu tun. Es ist deshalb unsere Pflicht als Christinnen und Christen heute, die patriarchalen, nichtchristlichen Elemente zurückzudrängen. Dies bedeutet einen Gewinn für Männer und Frauen.

Wir können alle Frauen auf diesem Werk als einzelne Personen sehen, Frauen aus verschiedenen Altersphasen, vermutlich aus verschiedenen Berufen, mit verschiedenen Erfahrungen — oder wir können die Gestalten als verschiedene Seiten einer einzigen Person betrachten. Die Schwester, die das Brot bricht, verdichtet die Kontemplation, das In-sich-Ruhen, die Wahrnehmung der Vertikalen. Die einzig mögliche Haltung Gott gegenüber ist die Passivität. Unsere einzige mögliche Tat Gott gegenüber ist es, ein leeres Gefäß zu sein - und dies gilt selbstverständlich für beide Geschlechter.

Die „Werktagsseite" zeigt zwei Dreiergruppen, die ähnlich wie spätmittelalterliche Heilige mit ihren Attributen erscheinen. Wer sind diese Frauen und in welcher Beziehung stehen sie zum Gesamtprogramm?

Ich habe historische bzw. literarische Personen gewählt. Es sind dargestellt Elisabeth von Dijon, Camille Claudel und Simone Weil auf der einen Tafel, die Gottesmutter Maria, die Proeza aus Paul Claudels Hauptwerk „Der seidene Schuh" und die Eva. Es ist eine menschliche Tragödie, dass Paul Claudel mitverantwortlich dafür war, dass seine Schwester Camille in eine Nervenklinik eingewiesen und dort 30 Jahre festgehalten wurde, und dass er gleichzeitig eine literarische Figur wie die Proeza gestaltete, eine Frau, die entsprechend ihrem inneren Gewissen handelt und nicht bereit ist, ihre Menschlichkeit, ihre Weltlichkeit, ihre Erotik auszuschließen und gleichzeitig eine sehr tiefe mystische Dimension verkörpert. Paul Claudel hat Züge seiner Schwester in seiner literarischen Figur Proeza verarbeitet; in der Wirklichkeit konnte er seine Schwester nur ein kurzes Stück begleiten und hat z.B. ihre nichteheliche Beziehung mit Rodin in der Öffentlichkeit abgelehnt.

Manche, vor allem Männer, kritisieren, dass das Werk Paul Claudels in meinem „Frauenaltar" eine so große Rolle spielt, ich müsse ihn ausschließen, ihn ablehnen. Aber genau darum geht es mir: auch einen Paul Claudel in seinem menschlichen Versagen nicht auszuschließen, sondern wieder einzubinden. So verstehe ich mein Werk auch als Sühnearbeit zwischen den Geschwistern Camille und Paul, die trotz allem eine große Liebe zueinander verband und die bis zu Camilles Tod in Briefverkehr standen.

In der beeindruckenden, für mich zentralen Figur der Proeza wird deutlich, dass wir nur Medien, Kanäle Gottes sind. Die Proeza wird in

„Der seidene Schuh" als Köder dargestellt, um dem geliebten Mann den Weg zu Gott zu zeigen. Die irdische Liebe ist genauso wichtig wie die göttliche Liebe, die sie widerspiegelt. Claudels Frage ist ja, wie es möglich ist, zugleich ganz weltlich und ganz Gott gehörig zu sein. Ein sehr barocker Gedanke, ein universellkatholischer Gedanke der Spannung zwischen Weltlust und Kreuz, zwischen Rot und Schwarz. Weil die Proeza in ihrer Ganzheitlichkeit ein so großes Vorbild für alle Frauen sein kann, habe ich sie in das Altarbild eingebunden.

Lange habe ich gebraucht, mich mit der Gestalt der Maria anzufreunden, sie freizueisen von den aufoktroyierten männlichen Vorstellungen, was Maria für uns zu bedeuten habe. Wenn wir Maria als „voll der Gnade" ansehen, heißt das, dass sie die Einwohnung Gottes ermöglicht, die Schechina vollzieht. Durch ihre bedingungslose Einwilligung gibt sie Gott Raum in sich; insofern ist sie Vorbild für uns.

Dargestellt ist noch die Eva. Dies ist eine Versöhnungsarbeit zwischen Eva und Maria. Proeza sehe ich als Synthese zwischen der weltlich-erotischen Seite der Eva und der spirituellen Mentorin der Maria. In der dargestellten Szene erhält Proeza von Eva den Apfel als Symbol der Sinnlichkeit und Leidenschaft und sie gibt ihren Schuh weiter an die Mutter Gottes. Im „Seidenen Schuh" wird geschildert, wie Proeza aus der ihr verordneten Ehe mit einem Adeligen des 16. Jahrhunderts ausbricht. Bevor sie dessen Burg, ihr Gefängnis, verlässt, stellt sie ihren Schuh zu der Mutter-Gottes-Statue in einer Nische vor dem Haus und bittet Maria, sie auf dem Weg zu ihrem Geliebten Rodrigo und - mit hinkendem Fuß - auf ihrem weiteren Lebensweg zu begleiten. Und sie bittet für ihren Ehemann, den sie verlässt.

Auf der Rückseite der Predella ist ein Zitat aus dem „Seidenen Schuh" zu finden. Proeza führt ein Gespräch mit ihrem Schutzengel und fragt, ob Gott nicht eifersüchtig sei, weil der Mann in den Armen des Weibes Gott vergesse. Darauf der Schutzengel: Wie kann Gott eifersüchtig sein auf sein Werk? Und wie kann er etwas geschaffen haben, das ihm nicht dient? Wie kann der Mann Gott vergessen, während er bei ihm weilt? Niemand kann fern von Gott sein, während er einbezogen ist in das Geheimnis seines Erschaffens. Proeza fragt den Schutzengel, ob die Liebe außerhalb des Sakramentes der Ehe nicht Sünde sei, und der Schutzengel antwortet ihr augustinisch: Auch die Sünde muss dienen. Und auf Proezas Frage, ob Rodrigos Liebe zu ihr gut sei, erwidert der Engel: Gut war, dass du ihn Sehnsucht lehrtest. Proezas Rolle ist es, auf die Vertikale hinzuweisen. Meiner Meinung nach ist es die Rolle der Frauen insgesamt, ist es unsere Aufgabe und Verpflichtung, die Männer die Sehnsucht nach der Vertikalen zu lehren.

Die Dreiergruppe auf der anderen Tafel zeigt zum einen die Bildhauerin Camille Claudel, die ja an der nichtehelichen Beziehung zu Rodin, aber auch an ihrer Unfähigkeit gescheitert ist, den verschiedenen Dimensionen, die sie in ihrem Herzen spürte, Raum zu lassen. Camille lehnt die vertikale Seite in sich, lehnt ihre Begabung ab - in der Klinik schlägt sie das Angebot aus, künstlerisch zu arbeiten und spricht davon, dass Nein zu sagen ihre einzige Freiheit sei. In meinem Bild wird sie begleitet von Elisabeth von Dijon, die eine Rose in der Hand trägt und für die Schönheit steht, und von Simone Weil, die Camille Claudel kniend ihr Werkzeug bietet: die Schönheit und die Arbeit als Therapie, als Heilmittel. Simone Weil und Elisabeth von Dijon sind beide Französinnen, beide haben - jede auf ihre Art - starke mystische Erfahrungen gemacht auch durch ihr Leiden.

Simone Weil ist für mich eine Frau, die sich jedem Schubladendenken sperrt. Geborene Jüdin, Gewerkschafterin, jahrelang Revolutionärin, intensiv beschäftigt mit den Weltreligionen, hat sie in ihren letzten Lebensjahren mystische Schriften verfasst, die m. E. zu den stärksten dieses Jahrhunderts gehören.

Dabei ist sie nie Mitglied einer Kirche geworden, sondern sie ist aus Solidarität zu anderen „an der Schwelle" stehengeblieben. Ihre Christusliebe, die sie in ihren Schriften so schön, gleichzeitig so spröde und philosophischuniversell darstellt, hat mich sehr fasziniert. Schwer nachzuvollziehen und doch in ihren Schriften lebensnah zu spüren ist, wie sie ihre lebenslangen Kopfschmerzen, das Leiden der Menschen während des Zweiten Weltkrieges und ihre eigenen Leiden bis zum Tod als Dimensionen der göttlichen Liebe akzeptiert, als göttliche Zuneigung aufgefasst hat.

Elisabeth von Dijon ist ein völlig anderer Typ. Sehr jung wurde sie Karmelitin und, kaum im Kloster, ist sie an einem schweren Magenleiden erkrankt und bald gestorben. In ihren letzten Monaten hat sie beschrieben, wie sie durch die „Tür des Leidens" hindurchgegangen und auf der anderen Seite zu Gott gelangt ist.

Die drei Frauen in ihrer Zuneigung sollen das Gnadengebot Gottes verkörpern, das immer währt, auch wenn Menschen es - wie Camille das Werkzeug - nicht annehmen. Wir haben in der gesamten Gruppe lange diskutiert, ob nicht die beiden Außentafeln Betrachter:innen überfordern. Ich denke aber, dass es verschiedene Einstiegsmöglichkeiten in ein Bild - ebenso wie in ein Buch oder in ein Musikstück - gibt, und ich hoffe, dass die dargestellte Zuneigung unter den Frauen eine Einstiegsmöglichkeit bietet, auch wenn man die literarischen oder historischen Hintergründe nicht genau kennt.

Die Rückwand des Altars beherrscht ein sehr komplexes Motiv: Eine gefolterte Frau wird in der Bildmitte von zwei anderen gestützt und getröstet, während im Hintergrund eine weitere das Folterinstrument, ein Gerät, mit dem Stromstöße verabreicht werden, zerstört. Das darin enthaltene Hoffnungsmoment wird noch unterstrichen durch eine Frau, die gerade das Fenster öffnet, und vor allem durch die Tänzerin im Vordergrund, die uns lächelnd und mit geöffneten Armen entgegentanzt. Welchen Zusammenhang gibt es zwischen diesem Motiv und den religiösen Bezügen?

Meine Idee war, eine Szene nach der Folter darzustellen. Mit den sechs dargestellten Frauen habe ich diskutiert, wie wir reagieren, wenn wir unmittelbar vom Leiden anderer berührt werden. Sehr schnell hat sich nach diesem Gespräch herauskristallisiert, welche Frau welche Rolle übernehmen wollte; jede stellt die Reaktion dar, die sie selbst für angebracht hält.

Im Zusammenhang mit der Kreuzestheologie stellt sich für mich nicht die Frage, warum Gott das Böse zulässt - das Böse hat mit unserer Freiheit zu tun - sondern meine Frage ist: wie begegne ich dem Bösen? Wie schließe ich das Böse in die gesamte Schöpfung ein? Wenn die Sünde dienen muss, dient auch das Böse. Innerweltlich, horizontal bekämpfe ich die Sünde, aber auf der Vertikalen kann sie mich auch erweitern, wenn ich im Vertrauen auf Gott handle. Die dargestellten Frauen wenden sich nicht vom Leiden ab, sondern begegnen dem Leiden handelnd. Vor allem über die ekstatisch tanzende Frau wurde viel diskutiert. Schmerz und Ekstase: so weit auseinander liegen die Pole unseres Lebens, und doch kommen sie in der Synthese zusammen, und die Synthese ist Christus und das Kreuz, in dem sich Vertikale und Horizontale verbinden.

Das Bild ist entstanden in enger Zusammenarbeit mit den porträtierten Frauen. Das dargestellte Festmahl hat stattgefunden. Ist diese Verbindung von „Kunst und Leben" für Sie persönlich wichtig?

Der Zusammenhang von „Kunst und Leben" ist für mich der vitale Mittelpunkt jedes künstlerischen Schaffens.

Mit dem Altar wollte ich eine Hommage an meinen Freundinnenkreis, eine Hommage an die Frauen, die mein Leben beeinflusst haben, die sich auch durch mein Leiden haben berühren lassen, und an Frauen insgesamt gestalten. Ich möchte auch für Männer darstellen, was es heißen kann, sich durch Leiden und Leidenschaft, Passion, sensibilisieren zu lassen. Im Grunde sind wir modernen Menschen ja desensibilisiert. Wir haben uns abgeschottet und engen damit sowohl unser Gottes- als auch unser Menschenbild ein. Wir dürfen Grenzsituationen in unserem Leben nicht scheuen, denn sie sind ja oft Einfallstore des Transzendenten und bewirken Selbst- und Gotteskenntnis. Meine Erfahrung im Alltag ist, dass Frauen sich diesen Grenzsituationen eher stellen als Männer, dass sie ihren Gefühlen nicht ausweichen und leidenschaftlich, tatkräftig und mutig handeln.

Blaise Pascal hat einmal gesagt: Das Herz hat seine Gründe, die die Vernunft nicht kennt. Ich bin froh, dass dieses Experiment „Frauenaltar" gelungen ist: Die Frauen kannten sich nicht alle untereinander, ich habe sie zusammengebracht, und trotz unterschiedlicher Lebenshintergründe und zum Teil diametral entgegengesetzter Weltanschauungen haben wir innerhalb kürzester Zeit eine starke Sprache des Herzens gefunden und in der Arbeit beibehalten. Wir haben uns mehrmals in kleinen und in der großen Gruppe getroffen, die Frauen waren Mitarbeiterinnen, Mitgestalterinnen, haben ihre Position, ihre Kleidung und die wenigen dargestellten Requisiten selbst bestimmt.

So hat sich meine Idee, mein Gefühl von Frauenleben in der praktischen Arbeit bestätigt.

Aus: Katechetische Blätter 12/94, Kösel-Verlag, S. 870- 875

Gott ohne Halsband

Große Frau – Variation III, Radierung 1993

1999
Gott ohne Halsband

Ich glaube an einen Gott ohne Halsband, der sich weder von meinen noch von den Vorstellungen anderer zwingen lässt, aber gleichzeitig mich/uns mit einem bedingungslosen, zwecklosen, sich selbst verschenkenden Gnadenstrom begegnet. Mein Leben ist ein einziges Verlangen danach, von diesem sinnlichen Sinnlosen „gefressen" zu werden. Ich glaube an die pulsierende, sich immer wandelnde Materie als Ausdruck, als Landeplatz des Unaussprechlichen, und an das Multiversum einer dehnbaren, erfahrbaren Vielfalt der Wirklichkeit. Ich glaube an das unmöglich-notwendige Vergnügen, diese physisch-charismatische Wirklichkeit leibhaftig zu erspüren. Ich glaube auch an eine göttlich-weiblich und energetische Chaoskompetenz und vertraue auf sie als fruchtbarer Schoß und Geburtsort einer Neuwerdung. Ich glaube, dass Gott immer anders ist, nah und fern, umarmend und penetrierend, trennend und einigend, tötend und lebendig machend, völlig verlässlich im Ausdruck des Paradoxen. Ich glaube an die reale Präsenz der göttlichen Substanz in der Welt und daran, dass der Begriff Wunder nur ein anderer Ausdruck ist für Transformation. Ebenfalls glaube ich an die heilenden Kräfte der Abgründe Gottes, daran, dass das Dunkle dazu dient, mich an das Licht zu gewöhnen. Ich glaube, dass Glauben Glauben verlieren heißt. Ich glaube, dass die Zähigkeit, in der Leere und im Vakuum der Verzweiflung mich an Gott festzukrallen, mich das Handwerk lehrt; das Handwerk, die Gewalt und das Entsetzliche in mir und in der Welt anzuschauen; das Handwerk, verletzbar und geschützt zugleich mich auszuliefern. Ich glaube an die erotische, sinnliche Präsenz eines personalen und zugleich kosmischen „In-mir-Gegenüber". Ich glaube, dass die unersättliche und beunruhigende Sehnsucht, Gott schmecken, riechen, tasten, hören und vom Kopf bis zum Becken, von den Fingerspitzen bis zu den Fußsohlen fühlen zu wollen, meine menschliche Bestimmung ausmacht. Und ich glaube, dass dieses „nach Gott gelüsten" mir die Freude schenkt. Die Freude, die nichts anders kann, als sich weiter zu verschenken.

Aus: Peter Rosien (Hg.) "Mein Credo, persönliche Glaubensbekennt-nisse, Kommentare und Informationen" Publik-Forum 1999

Hingabe und Macht

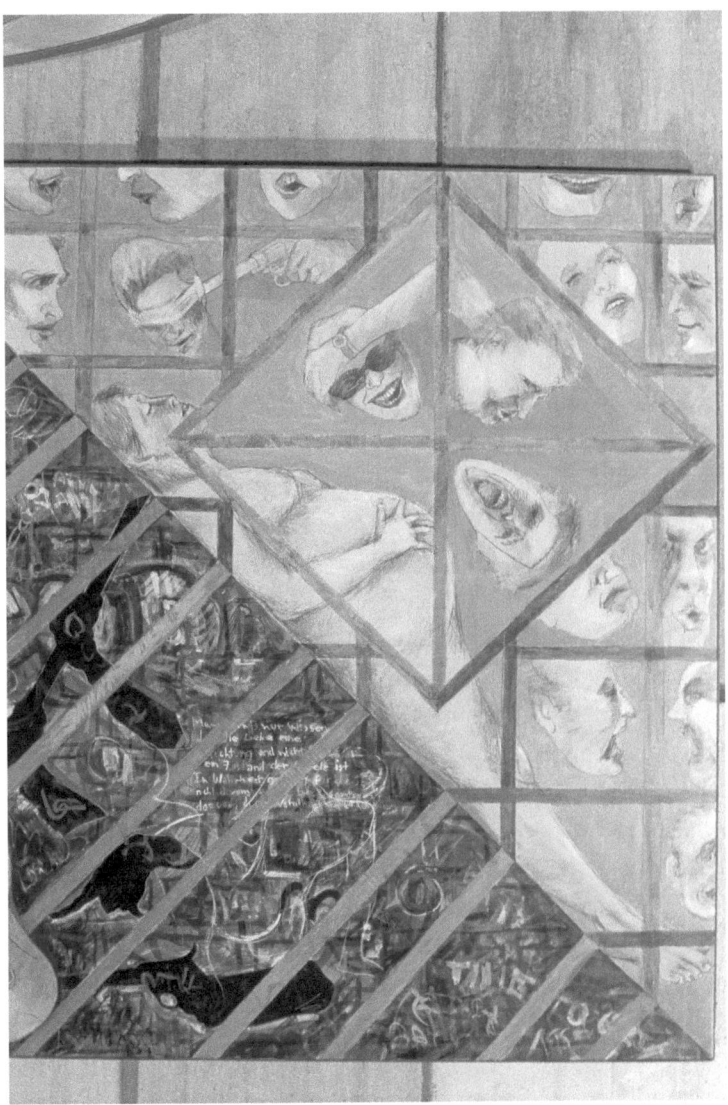

Ausschnitt der Bemalung der St. Antoniuskirche Baden-Baden,
Mineralfarben 1994

1998
Hingabe und Macht
Chaos, Kreativität und Körper - über
das physische Vergnügen das Unsagbare
zu berühren

Hingabe ist das Verhalten, das wir Menschen am stärksten vermeiden, aber ebenso das Verhalten, das unserer wahren Natur auf den Leib geschrieben ist. Es gibt eine Selbstauslieferung, die frei macht: Die Auslieferung an die sinnlose, moralose und zwecklose Gnade. Bedingungslosigkeit jedoch beinhaltet gleichzeitig das Loslassen vom Vertrauten und die Hinwendung zum dunklen Unbekannten. Sie schließt, wie Dorothee Sölle es in „Mystik und Widerstand" beschreibt, die Konfrontation mit der lebensfeindlichen Macht ein, entzweit und verbindet neu: „Es ist ein unumkehrbarer Schritt, den wir nur um den Preis des Selbstverrats vergessen oder zurücknehmen können".

Der Mensch, der das Labyrinth der Welt mutig durchschreitet und im Zentrum ankommt, wird dort von Gott verschlungen und vollkommen neu strukturiert. („Seht, ich mache alles neu." Offb. 21,5) Im Labyrinth besteht die Möglichkeit des falschen Gehens nicht, sehr wohl aber die des Nichtgehens. Gehen ist Fluss, Prozess, Hinbewegung, ist die Dehnung, die Atmung, die leibhaftige Teilnahme am „Alles spricht, alles hat eine Botschaft". Aber sogar das Nichtgehen kann dienen. Simone Weil meinte, dass der Augenblick des seelischen und intellektuellen Stillstandes allein den Menschen zum Übernatürlichen befähigt: „Wer einen Augenblick der Leere erträgt, erhält entweder das Übernatürliche Brot oder bricht zusammen". Denn „die Wahrheit lieben, heißt die Leere ertragen und also den Tod hinnehmen. Die Wahrheit ist auf Seiten des Todes". „Gut", sagt sie auch, „ist, was Menschen und Dingen ein Mehr an Wirklichkeit gibt, Böse, was es ihnen nimmt." In Körpersprache übersetzt werden das Loslassen und die Öffnung der Kontraktion gegenübergestellt. Soziologisch gesehen spiegelt die dualistisch-patriarchalische Gesellschaftsordnung die kontraktierte, „lebensfeindliche Macht" wider, mit welcher der sich hingebende Mensch konfrontiert wird.

Erfahrungen in Tiefenprozessen, in der Meditation, mit der Erotik, mit dem Leiden oder mit der Kunst können Wege aus der Kontraktion zeigen. Die Kunst beispielsweise, ist an der Pforte zwischen dem Sichtbaren und dem Unsichtbaren angesiedelt. Ausschauhaltend nach einer sinnlichen Entsprechung für das Unaussprechliche, sind Künstler tagtäglich konfrontiert mit Paradoxen. Ihre „Produkte" sind eine Mixtur aus Warten, Handeln und Wirken lassen. Je authentischer ihr schöpferischer Prozess, desto mehr dienen ihnen die Werkzeuge des Chaotischen, des Intuitiven. Der eigenen Ohnmacht oft gegenübergestellt sind sie jedoch gleichzeitig hoffnungslos geköderte Suchende, von dem „Aufblitzen der Wahrheit" magisch Angezogene. Der Künstler, die Künstlerin, bewegt sich dort, wo das Gelände aufhört, den Preis der Ausgrenzung, der Armut, der Internierung und sogar des Todes riskierend. Künstler erleben die demaskierte Wirklichkeit von Abgrund bis Ekstase, aber dieses „Glück" kann einsam machen, da sie in einer von Gewalt, Macht und Dogmen strukturierten Welt selten ein Gegenüber finden.

Dilemma der Begegnung von Selbst und Welt

Die Geschichte aller Völker und Zeiten zeigte immer eine Verwandtschaft zwischen Künstler, Heiligen, Behinderten und/oder Wahnsinnigen. Ob weise oder hysterische Frau, Schamane oder Derwisch, Begine oder Dorftrottel, alle befanden sich unmittelbar dem Dilemma von Selbst und Welt gegenübergestellt. Ihre Wildheit und Weisheit bedeuteten Gefahren für jedes festgeschnürte System. Schwer einzubinden in Preis-Leistungs-Verhältnisse, aber mit durchaus begehrenswerten Kräften begnadet, galt und gilt die Devise, sie soweit wie möglich als Ressource auszubeuten: „Man kann nur die wirklich bestehlen, die magisch leben (...)" (Ingeborg Bachmann). Alles, was nicht zu domestizieren war, wurde zerstört, verharmlost und vor allem unsichtbar gemacht. Camille Claudel sagte: „Manch einer wäre einem solchen Ernährer zumindest dankbar und würde die arme, ihres Genies beraubte Frau irgendwie entschuldigen: Nein! Ins Irrenhaus! Nicht einmal das Recht auf eine Wohnung! Weil ich mich zu ihrer Verfügung halten muss! Das ist die Ausbeutung der Frau, die Vernichtung der Künstlerin, die man in den Schwitzkasten nimmt, bis aufs Blut (...). Sie sagten: ‚Wir benützen eine Halluzinantin, um unsere Sujets zu finden‘“.

Vergleichbar mit Camille ist die Krankheitsgeschichte von Bertha Pappenheim, bekannt zur Zeit Freuds als der Hysterie-Fall „Anna O.“, geschildert in dem Buch „Wahnsinns Frauen“: „Hier wird das Drama der Anna O. offenkundig. Ihre Erkrankung ist die Folge ihrer ständigen, übermäßigen Anstrengung, sich an das Frauenideal anzupassen, das Selbstverleugnung und Bedürfnislosigkeit verlangte (...). Es handelte sich um eine Ausweglosigkeit, weil sie einerseits die gesellschaftlichen Normen selbst stark verinnerlicht hatte und weil andererseits die gesellschaftlichen Normen von außen ständig an sie herangetragen wurden. Zwischen Psychostruktur und gesellschaftlicher Struktur steht der subjektive Körper, der sozusagen auf die innere und äußere Ausweglosigkeit reagiert und diese darstellt. Bei dem Versuch, Anna O.'s physische Symptome zu interpretieren, fällt auf, dass alle Symptome auf eine Verweigerung der gängigen Kommunikation mit der Umwelt hindeuten (...). Anna O.'s Rebellion richtete sich gegen die Welt und gegen sich selbst, ihre Sinne rebellieren. Ihr Körper, ihre Sinne sind die Bühne für das Theater der Unterdrückung“.

Ähnlich den psychisch Kranken erfahren Menschen mit Behinderungen das Leiden durch aufgesetzte Normen. Die Ursachen für Autismus beispielsweise sind umstritten. Fest steht, dass die Art, wie Autisten die Welt erfahren, auch zur Ausgrenzung und Abwertung führt. „Das Abstrakte und Kategoriale ist für Autisten nicht von Interesse“, schreibt der amerikanische Neurologe Oliver Sacks in seinem bekannten Buch „Der Mann, der seine Frau mit einem Hut verwechselte“. Und weiter: „Ihr Augenmerk gilt ausschließlich dem Konkreten, dem Besonderen, dem Einzigartigen. Dieses ist immer wieder auffallend, ganz gleichgültig, ob es für den jeweiligen Patienten eine Frage der Fähigkeit oder der Neigung ist. Da sie das Allgemeine nicht sehen können oder wollen, scheint das Weltbild von Autisten ausschließlich auf der Beobachtung von Besonderheiten zu beruhen. Sie leben also nicht in einem Universum, sondern in einem Multiversum, das aus unzähligen, genau erfassten und mit einer leidenschaftlichen Intensität erlebten Einzelheiten besteht". Ergänzend hierzu eine Aussage von Ingeborg Bachmann: „Für mich hat alles Bedeutung". Diese Art zu denken, steht im krassen Gegensatz zur verallgemeinernden-wissenschaftlichen Denkweise. Dennoch ist sie, wenn auch auf ganz andere Art, ebenso „real" wie diese.

Erweiterte Wahrnehmung

Zum Thema andere bzw. erweiterte Wahrnehmung und ihre „reale" Wirklichkeit können wir von Künstlern, Wahnsinnigen, Heiligen und Behinderten Entscheidendes erfahren. Einstein vermutete, dass die Felder der Gravitation, der Elektromagnetik bzw. der Quantenmaterie ein und demselben Grundfeld entsprachen. Ausgehend von der Hypothese, dass die Energien der angesprochenen Gruppen auch ein und dasselbe Grundfeld widerspiegeln, bleibt die Frage nach der Ausrichtung dieser Schwingungen offen. Sofort werden die meisten denken, der Künstler, die Künstlerin hat immerhin die Möglichkeit des Ausdrucks. Alice Miller behauptet, wir alle seien Schmarotzer des bedingungslosen Drangs der Künstler, ihre Lebensintensität in Musik, Literatur oder Malerei umzusetzen. Aber der Verlust an menschlicher Wärme, an Intimität und Öffentlichkeit, der häufig zum Scheitern und Tod bei Künstlern führt, relativiert schleunigst den sogenannten „Vorteil".

Spannend wird die Frage natürlich bei Mischformen: Hildegard von Bingen und Marilyn Monroe waren beide charismatische, erotische und schöpferisch begabte Frauen, die jede auf ihre Art den abgesteckten Rahmen ihrer Zeit sprengten und eine nachhaltige Faszination auf die Menschen ausübten. Marilyn gab sich schutzlos der Welt hin, während Hildegard sich zuerst Gott hingab und danach der Welt. Marilyn erlebte sich selbst als Opfer und erfuhr ihre eigene Vernichtung. Für die „Seherin am Rhein" spielte die Möglichkeit der Vernichtung ihrer Person eine untergeordnete Rolle, denn sie lebte in einem anhaltenden Liebesverhältnis mit dem Unbekannten. Dadurch war Hildegard wesentlich durchlässiger als „Medium" für freifließende Energien und darauf kommt es an. Aber in der Konfrontation mit der „lebensfeindlichen Macht" lösten die Schwingungen beider Frauen die gleiche Reaktion aus: den Wunsch, sie zu vereinnahmen oder sie zu vernichten. Bei weisen, wahnsinnigen und künstlerischen Menschen vernetzen sich „Tun-können, Tun-wollen und Tun-müssen" so extrem, dass sie uns ständig zwingen, irritieren, aber auch locken und inspirieren. Allen Risiken zum Trotz: Mit ihnen in Beziehung zu treten, kann bewirken, dass dasselbe in uns verdrängte „Grundfeld" wieder lebendig wird und die Energien beidseitig frei fließen. Von dieser Sicht aus wird die Frage, wer wem „hilft" wohltuend relativiert, gerade was die Einstellung zu Menschen mit Behinderungen und psychisch Kranken angeht. Wir aufgeklärten Christen und Humanisten sind pausenlos damit beschäftigt, was wir tun können, um diese „Benachteiligten" in unsere Welt zu integrieren. Häuslich eingerichtet im co-abhängigen Helfer-Syndrom und zugeschüttet mit seelischen Kochrezepten, Regenbögen und Reihentänzen können wir erfolgreich jegliche echte Annäherung abwehren. Kranke und Menschen mit Behinderungen versorgen wir, Künstler und Heilige bewundern wir. Bewunderung ist aber nur eine weitere Variante der Vermeidung.

Der Preis für die Vermeidung ist die Selbstaufgabe. Das Festhalten an Normen, Sachzwängen und liebgewonnenen Illusionen macht uns zu Komplizen der Macht. Das Loslassen von Gewohntem und das sich einem „dunklen Unbekannten" anvertrauen, verlangt wirklich Mut, denn zuerst erlebt jeder und jede, der/die diesen Schritt wagt, sich selbst als Teil der schreienden, sterbenden und bezwungenen Natur. Aber eben an diesem Punkt der Ohnmacht entsteht Raum für Veränderung. Bert Hellinger, gefragt nach dem Geheimnis seiner Stärke und seiner Erfolge in der Familientherapie, antwortete: „Mir ist die Welt recht, wie sie ist, auch das Entsetzliche. Ich kann dem zustimmen, wie es ist. Der Schrecken kann einen nur überwältigen, wenn man wegschaut. Alles Große zieht seine Kraft aus dem Entsetzlichen und wer da wegschaut, der landet im Wolkenkuckucksheim". Josef Beuys äußerte sich zu dem, was in der Welt „wirkt": „Es wäre eine große Frage, wer die Welt mehr bereicherte, die Aktiven oder diejenigen, die leiden. Ich habe ja immer entschieden: die Leidenden. Der Aktive mag Unermessliches für die Welt erreichen. Aber ein krankes Kind, dass sein Leben lang im Bett liegt und gar nichts tun kann, das leidet und erfüllt durch sein Leiden die Welt mit christlicher Substanz. Denn durch das Leiden wird die Welt real mit christlicher Substanz". Meine Freundin sprach über ihre schwerstbehinderte Tochter: „Meine Tochter zwingt alle, die mit ihr in Berührung kommen, sie so zu nehmen, wie sie ist. Sie kann man weder manipulieren, noch bestechen, noch ihr ausweichen. Aber dadurch zieht sie fast alle in ihren Bann. Kaum jemand kann ihr widerstehen".

Eine gesteigerte Sicht dieser Wahrnehmung finden wir in dem wunderbaren kleinen Traktat von Heinrich von Kleist „Über das Marionettentheater". Im Zwiegespräch plädiert der Hauptprotagonist für die Vorteile der Grazie einer Marionette dem lebendigen Tänzer gegenüber: ‚Der Vorteil? Zuvörderst ein negativer, mein vortrefflicher Freund, nämlich dieser, dass sie sich niemals zierte. Denn Ziererei erscheint, wie Sie wissen, wenn sich die Seele an irgendeinem anderen Punkt befindet, als in dem Schwerpunkt der Bewegung. Wir sehen, dass in dem Maße, als in der organischen Welt, die Reflexion dunkler und schwächer wird, die Grazie darin immer strahlender und herrschender hervortritt. Doch so, wie sich der Durchschnitt zweier Linien, auf der einen Seite eines Punkts, nach dem Durchgang durch das Unendliche, plötzlich wieder auf der andern Seite einfindet, oder das Bild des Hohlspiegels, nachdem es sich in das Unendliche entfernt hat, plötzlich wieder dicht vor uns tritt, so findet sich auch, wenn die Erkenntnis gleichsam durch ein Unendliches gegangen ist, die Grazie wieder ein; so dass sie, zu gleicher Zeit, in demjenigen menschlichen Körperbau am reinsten erscheint, der entweder gar keins oder ein unendliches Bewusstsein hat, d.h. in dem Gliedermann oder in dem Gott. Mithin, sagte ich ein wenig zerstreut, müssten wir wieder von dem Baum der Erkenntnis essen, um in den Stand der Unschuld zurückzufallen? Allerdings, antwortete er, das ist das letzte Kapitel von der Geschichte der Welt (...), doch das Paradies ist verriegelt und der Cherub hinter uns; wir müssen die Reise um die Welt machen, und sehen, ob es vielleicht von hinten irgendwo wieder offen ist." Die Begegnung mit Leidenden, wie die mit der Kunst, der Natur, der Freude oder mit einem Selbst, ist eine der göttlichen Hintertüren zum Paradies.

Leid und Verwandlung

An dieser Stelle möchte ich in aller Deutlichkeit klarstellen, dass es mir nicht um eine rührselige Aussage „Menschen mit Behinderungen haben auch etwas" geht und noch weniger um eine Verharmlosung des tagtäglichen tapferen Einsatzes von Menschen, die behinderte Menschen betreuen und auch politisch um ihr Recht auf Intimität und Öffentlichkeit kämpfen. Gerade aber, weil es unseren Alltag transformiert, plädiere ich dafür, den Blickwinkel zum Wesentlichen hin zu „verrücken". Das, worum es mir geht, ist die heilende und rettende Bedeutung der kosmischen Präsenz von leidenden, behinderten oder wahnsinnigen Menschen in der Welt, sozusagen um ihre phänomenologische Identität. Meine Bereitschaft, mit ihrer physischen Gegenwart in Beziehung zu treten, bedeutet, das Mysterium Johannes 19,37 leibhaftig zu erfühlen: „Sie werden auf den blicken, den sie durchbohrt haben". Und indem ich in dieser Haltung einem leidenden Menschen gegenübertrete, signalisiere ich ihm wiederum die Anerkennung seiner Würde, seiner Größe und seiner Berufung. Mit anderen Worten, ich bitte ihn um seinen Segen. An diesem, wie Kleist es beschreibt, „Durchschnitt zweier Linien" kann Heil entstehen. Künstler, Priester oder Schamanen bedienen sich dieser Zeichenhaftigkeit. Der kranke, behinderte oder wahnsinnige Mensch ist die Zeichenhaftigkeit.

Und die Heiligen, die Weisen, die Seher und Prophetinnen? Sind sie nicht auch gott- trunkene Besessene, Zeichen des gottgewirkten Wahnsinns? Wer, laut Sölle, wenn nicht Franziskus, der nichts zwischen sich und der Nacktheit Christi haben wollte und radikal alles ausräumte, was ihn vor den Wunden der Liebe schützen konnte, ist das lebendige Sinnbild der Hingabe? Die Teilnahme an dieser Nähe schließt Krankheit und Leiden nicht aus. Auch für Franziskus war die Bühne für das Geschehene der Körper, bis hin zu Stigmata. Und hier berühren wir den Salto vitale des göttlichen Wahnsinns: Franziskus lehrt uns, die „permeated borders", die durchlässigen Grenzen eines unmöglichen sinnlosen liebenden Schöpfers zuzulassen. Denn er „entblößt sich, um unmittelbar die Schönheit der Welt zu berühren", schrieb Simone Weil, und für Weil bedeutete Schönheit reale Gottesgegenwart.

Zum Thema Kunst und das Schöne behauptete der DDR-Kunstwissenschaftler Walter Besenbruch in den fünfziger Jahren, alle echte künstlerische Tätigkeit sei Erzeugung von Schönem und, dass das Kunstwerk deshalb zur Form gewordene, mit Sinnen fassbar gewordene Wahrheit sei. Auch Simone Weil riet, sich den Symbolen und Bildern der Kunst nicht rational, sondern schauend und intuitiv zu nähern: „Nicht versuchen, sie auszudeuten, sondern sie anzuschauen, bis Licht hervorbricht". So erfahren ist die Schönheit Kraftquelle und Energiefeld, den herkömmlichen Begriff „entgrenzend". Sie durch die Macht, Verzweiflung und Angst der sichtbaren Welt hindurch zu erspüren, bedeutet, lebendig zu sein. Denn: „Verachtet darf diese Welt nicht werden, auch wenn sie nicht als das Absolute begriffen werden kann. Ihre wahre Würde kommt zum Vorschein, wenn sie ganz durchlässig wird. Diese Welt ist die geschlossene Pforte. Sie ist eine Schranke und zugleich der Durchgang" (Simone Weil).

Sinnliche Intelligenz und Erfahrungsort Körper

Welche Erfahrungen und Erlebnisse locken uns zur Hingabe, zum Stillstand, zur Bejahung unserer zweiten, sinnlichen Intelligenz? Wie können die Sehnsüchte nach Lebendigkeit größer werden als die Angst? Kann der Raum in uns wachsen, der lustvoll „kontempliert" werden möchte, bewohnt von den Schwingungen, Energien und freundlichen Mächten? Denn auch das gehört zu den Paradoxen eines zwecklosen liebenden Gottes, dass in einer Welt voller Leid das Glück uns nicht nur besuchen, sondern bewohnen will. Auf die Frage des Vizekönigs an Dona Musica in Paul Claudels „Der Seidene Schuh", ob sie glaube, dass Freude etwas sei, das man so hinschenke und unverwandelt wiederfinde, antwortet sie: „Freude beherrschen wir nicht, die Freude beherrscht uns. Hast du einmal Ordnung und Licht in dich selber gebracht, dich fähig gemacht, von ihr erfasst zu werden, dann kommt sie zu dir und umfasst dich". Claudel will uns hier nicht in „Ganzheits-Stress" stürzen. Ihm geht es um die innere Bereitschaft, die wiederum die sinnlichen Poren öffnet. Wenn wir das Wichtige pflegen, finden wir unabsichtlich dorthin, wo die Freude uns empfängt.

Die Freude ist die Öffnung, das „Mehr an Wirklichkeit", die sich selbst nicht genügt, sondern in Beziehung treten möchte: „Die Freude", sagt Dona Musica weiter zu ihrem geliebten Vizekönig, „die du mir schenkst, die sollst du erblicken auf dem Gesicht der anderen". Musicas Antwort umfasst die Weisheit und Heilkraft der Freude schlechthin: Sie so überschäumend und grenzenlos zu umarmen, heißt, sie bedingungslos und besinnungslos weiter zu verschleudern: „Sunder warumbe" - ohne Warum - no strings attached. Das Mysterium der kosmischen Substanz von Freude, Schönheit und Liebe liegt in ihrer unendlichen Fähigkeit der Vermehrung. Wie das Brot und wie die Lilien auf den Feldern.

Freude, Glück und Befreiung erspüren wir am selben Ort wie Leiden: im Körper. Konditionierung und Erziehung führen dazu, dass wir sie ebenfalls ausklammern. Die häusliche Einrichtung unserer lauwarmen Lebendigkeit ist ausgestattet mit Konsumablenkungen, oberflächlichen Freiheiten und einer Prise Engagement. Alle Einfallstore in eine andere Wirklichkeit, die der Alltag uns ständig anbietet, werden erfolgreich abgeschottet. Aber die Erfahrung zeigt, dass der Körper nicht so schnell auszutricksen ist wie der Verstand. Er speichert in seinem vegetativen System, in den Muskeln und im Gewebe die Wahrheit dieses Betrugs und strahlt ständig Warnsignale und Hilferufe in Form von Krankheiten aus. Die heilenden Aspekte dieses tapferen Berührens des Körpers, unserer Selbstaufgabe zu entrinnen, werden meistens übersehen und überhört. Da aber der Körper, wie der Künstler, der Heilige oder der Wahnsinnige, die unverfälschte Schönheit begehrt und ebenso unbestechlich ist, bleibt er der zuverlässlichste Partner auf dem Weg zur Lebendigkeit.

Die persönliche Transformation ermöglicht dem eigenen Körper sich selbst in der gleichen anbetenden Haltung gegenüberzutreten, wie dem Nächsten; was die Erfahrung von Selbstliebe bedeutet. Selbsterfahrung als Gotteserfahrung befreit im Körper die Freude, die nichts anderes kann, als sich weiter zu verschenken. Ich erlebe mich als Königskind, das, nach Meister Eckhart, „nicht zum Kleinen geschaffen wurde". Und dieses „Sich-Öffnen" führt unweigerlich zur Öffentlichkeit. Fulbert Steffensky trifft den Kern der Dinge in seinem Referat an der Stelle, an der er behauptet, dass der Mensch nur sein kann, wenn er öffentlich sein kann. „Sprich, damit ich dich sehe!" sagt Hamann, ein Zeitgenosse Kants. In der Körperarbeit lernt jede und jeder, mehr Raum einzunehmen, sich zu dehnen und zu vermehren, statt zu verschwinden. Und wie wichtig ist dieser Ansatz gerade für Menschen mit Behinderungen! Ihre Betreuung darf nicht bedeuten, sie zu unterhalten und unsichtbar zu machen, sondern sie zu würdigen und ihren eigenen Prozess der Selbstfindung und Anerkennung zu fördern, der ihre Präsenz in der Welt vergrößert. Bestimmte Gruppen von Menschen abzusondern bzw. abzuschotten, ist zudem eine ungeheuerliche Verarmung der Welt, weil anderen die Möglichkeit entzogen wird, Ängste und Vorurteile, die durch fehlende Berührungen und Kontakte entstanden sind, zu überwinden.

Menschen mit Behinderungen öffnen sich, wie wir alle, zuerst im geschützten, liebevollen Raum, aber auch hier ist die Devise, diesen Raum größer und breiter „in die Welt" auszudehnen. Franziskus war öffentlich. Es ging ihm nie um eine „ziellose und sich selbst genießende Askese", schreibt Sölle, sondern er „inszeniert öffentlich immer wieder neu das, was eigentlich gelten soll (...), das Niederhauen der Grenzen, die auf der Besessenheit vom Besitz errichtet sind". Auch die Aussätzigen wollte Franziskus vom Ausschluss als „Nichtdazugehörige" befreien. Er tauchte immer wieder in den „Teig der Menschheit" (Simone Weil) und betrachtete „Konventionsbrüche als Zeichen der Zärtlichkeit zu allen" (Dorothee Sölle). Franziskus Pflicht zur Hingabe löste, wie bei Hildegard von Bingen, starke Energien aus.

Körperarbeit

Zurück zum Herzstück unseres Dilemmas und dem Drama der Begegnung von Selbst und Welt: Das ist wenn, wie Kleist es ausdrückt, die Seele sich an irgendeinem anderen Punkt befindet, als in dem Schwerpunkt der Bewegung. Lernen, aus dem Schwerpunkt der Bewegung heraus zu handeln, ist das Geschenk des körpertherapeutischen Ansatzes. Organisch-vegetatives Tun übersteigt das Handeln aus dem Ego-Verstand und ermöglicht das „in Beziehung treten" mit der Schönheit in allem. Nach Weil überbrückt die Schönheit die Kluft zwischen dem „Natürlichen" und der „Übernatur": „Schönheit, reine Freude, Zustimmung von Körper und natürlichem Teil der Seele zur Fähigkeit des übernatürlichen Einverständnisses. Unverzichtbar, auch für jene, deren Berufung das Kreuz ist". Die universelle Quelle in Körper, der Sitz der Schönheit, ist erspürbar. Bewegung, Atmung, Stimme und tiefere Wahrnehmung unserer Sinne lehren uns auf der intuitiven Ebene Aufmerksamkeit, Präsenz und Partizipation wie auch das Horchen auf den „inneren Arzt". Die amerikanische Therapeutin Anne Wilson Schaef schreibt: „Als die Arbeit, die ich tat, immer eigenständiger wurde, ereignete sich in meinem Beisein das Heilungsgeschehen, das ich nie für möglich gehalten hätte und ich war kein notwendiger Faktor bei diesen Heilungen (...). Mir wurde allmählich immer deutlicher, dass dem menschlichen Organismus tatsächlich ein Prozess innewohnt, der sich auf alles, was im Laufe eines Lebens geschehen ist, heilend auswirken kann (...). Ich muss nur präsent sein und Anteil nehmen, indem ich vermittle, was in mir selbst vorgeht".

Für die Körperarbeit gilt: „Es gibt viel zu tun - lassen wir es los", wie auch „es gibt nichts zu tun - packen wir es an". Warten ist ein integraler Bestandteil jedes schöpferischen Prozesses und eröffnet das echte „Sehen" im Sinne von „Grundstrukturen schauen" und ihnen entsprechen. Eine einfache Übung, wie etwa die Aufmerksamkeit auf eine Bewegung oder auf einen Reflex im Körper zu lenken, kann Erstaunliches auslösen. Ich kann am eigenen Körper erfahren, wie es ist, sich selber auspendeln zu lassen, bis zum Punkt des Stillstandes, an dem das „übernatürliche Brot" den Impuls zum Handeln bzw. zur

Veränderung gibt. Das Erlernen von passivem Handeln und aktivem Warten schützt einen in der Körperarbeit vor dem Mechanismus des Helfer-Syndroms. Das sicherste Zeichen, aus der intuitiven Mitte heraus zu wirken, ist, bei aller Ernsthaftigkeit und Schwere der Arbeit, das Gefühl von heiterer Leichtigkeit, von Energiekreislauf. Leichtigkeit wiederum ist das Tor für das Mitwirken von Chaos. Chaos ist das Nichts, aus der die Materie sich immer wieder neu bildet und definiert. Es ist der Zustand im Dunkeln der Gebärmutter (Erbarmen, Gebären und Gebärmutter haben die gleiche hebräische Wortwurzel) kurz vor der Geburt. Chaos ist auch das Energielevel der Vernetzung aller Dinge und Geschehnisse miteinander. Ein klassischer Spruch aus der Chaosforschung lautet: „Wir können nicht wissen, ob der Flügelschlag eines Schmetterlings in Indien ein Unwetter in Nordamerika auslöst". Chaosforscher, wie Rupert Sheldrake, Zellbiologe, Terence McKenna, Ethnologe und Schamanismus-Experte und Ralph Abraham, Mathematiker, arbeiten in ihrem spannenden Buch „Denken am Rande des Undenkbaren" mit dem Begriff der Attraktoren. Attraktoren sind nichthierarchische Signale und Zurufe zur Gemeinsamkeit, die aus dem Chaos entstehen. Erklärbar und definierbar sind sie nicht, aber durchaus wahrnehmbar. Sie sind von unschätzbarer Bedeutung im schöpferischen und heiltherapeutischen Prozess. „Ordnung ist die Liebe der Vernunft", schreibt Claudel, „aber Chaos ist die Wonne der Fantasie." Die neustrukturierte Ordnung, die aus dem Chaos entsteht, ist nicht irrational, sondern physisch-charismatisch. Sie ist eine „sunder warumbe" Ordnung, eine bedingungslose, unmögliche und daher göttliche Ordnung und sie manifestiert sich dort, wo wir sie am wenigsten erwarten. Erweiterte intuitive Wahrnehmung lässt die verborgene Verletzung einer gottumkleideten Materie realen Raum in unserem Leben gewinnen. Aus Chronos wird Kairos - das Erfühlen einer leibhaftigen Zeit, in der phänomenologische Wirklichkeit unseren mechanistisch-verstrickten Alltag nicht negiert, sondern verwandelt. Es öffnen sich organisch-sinnliche Lebensalternativen, die die kontrahierten Paradigmen und Zwänge ablösen können. Natürlich wirken diese Kräfte schon jetzt in der Welt, sonst wären wir alle hoffnungslos verloren. Aber sie könnten noch unendlich lustvoller, vergnügter und vitaler greifen, als wir es uns überhaupt vorstellen können!

Aus:

Gottfried Adam, Roland Kollmann und Annebelle Pithan (Hrsg.), Mit Leid umgehen, In: Dokumentationsband des Sechsten Würzburger Religionspädagogischen Symposiums, Münster: Comenius-Institut 1998, neu bearbeitet 2024.

Zitate aus:

BACHMANN, INGEBORG: Malina 1971, Suhrkamp, Berlin

BETZ, OTTO: Das Schöne als Spiegelung des Göttlichen. Konturen einer Theologie der Schönheit bei Simone Weil. In: Geist und Leben, Januar 1998.

CLAUDEL, PAUL: Der Seidene Schuh oder Das Schlimmste tritt nicht immer ein. Salzburg 1939.

DUDA, SIBYLLE: Bertha Pappenheim (1859 -1936). Erkundungen zur Geschichte der Hysterie oder 'Der Fall Anna 0.'. In: DUDA, SIBYLLE/PUSCH, LUISE F. (Hg.): Wahnsinnsfrauen, Bd. I. Frankfurt am Main 1992.

ELLINGER, BERT: Ordnungen der Liebe. Ein Kurs-Buch. Heidelberg 1995.

KLEIST, HEINRICH VON: Der Zweikampf. Die heilige Cäcilie. Sämtliche Anekdoten. Über das Marionettentheater und andere Prosa. Stuttgart 1996.

MENNEKES, FRIEDHELM: Beuys on Christ, 1989 Verlag katholisches Bibelwerk

NEIDHOFER, LOIL: Disziplin der Lust. Oldenburg 1989.

NEIDHOFER, LOIL: Intuitive Körperarbeit. Oldenburg 1991.

PARIS, REINE-MARIE: Camille Claudel. Frankfurt am Main 1989.

SACKS, OLIVER: Der Mann, der seine Frau mit einem Hut verwechselte. Reinbek 1997.

SHELDRAKE, RUPERT/ MCKENNA, TERENCE/ ABRAHAM, RALPH: Denken am Rande des Undenkbaren. München 1997.

SOLLE, DOROTHEE: Mystik und Widerstand. „Du stilles Geschrei". Hamburg 1997.

WEBER, GUNTHARD (Hg.): Zweierlei Glück. Die systematische Psychotherapie Bert Hellingers. Heidelberg 1994.

WEIL, SIMONE: Cahiers, Aufzeichnungen Bd.1-3. München 1991-1996.

WEIL, SIMONE: Zeugnis für das Gute. Traktate -Briefe -Aufzeichnungen. Olten-Freiburg 1976.

WILSON SCHAEF, ANNE: Mein Weg zur Heilung. Ganzheitliche Lebenshilfe in der Praxis. München 1995.

ZERCHIN, SÖPHIE: Auf der Spur des Morgensterns. Psychose als Selbstfindung. München 1990.

Installation Foot – Age

Foot – Age, Installation, Hardtwald Karlsruhe 2007

2007
Foot – Age

Foot-age Foot Feet Fußweg Fuß-Weg Finger-Food Food for Thought Foot-Food Fast-Food Foot-in-your-Mouth Footprints Foot-Steps Stepptanz-Schuhe Steps Stair Stairway to Heaven Shoe-Sole Shoe-Soul Schuhsohle Schuhseele Shoe Fly Feng-Shui.

Down the Beaten Path, ein Fußabdruck bleibt nie allein. Mensch und Tier gehen weiter. Was bleibt ist eine Spur, ein Zeichen, eine Information, ein sichtbarer Austausch mit dem jeweiligen ökologischen Setting. Fußabdrücke bündeln sich zu „Fuß-Geh-Wegen".

„Footage" ist die Summe einer Fläche in „feet" gemessen. Am meisten wird das Wort mit Filmmaterial assoziiert. Der „Footage" von einem Drehtag beispielsweise. Ich verstehe den Begriff „Footage" als Metapher. Wir gehen und erleben Ausschnitte. Manchmal hinter dem Vorhang. Andere Male begegnen wir „the Beyond" buchstäblich am Boden.

Ich lasse die Orte, welche ich als Austauschfelder für meine Arbeiten wähle, so, wie ich sie vorfinde. Alle Spuren von Mensch und Tier bleiben intakt. Jeder Ort ist eine fortschreitende Leinwand, ist ein extrem langsam ablaufender Film. Für eine begrenzte Zeit darf ich in dem sich wandelnden Environment meines „Footage" dazu collagieren. Setze ich meine Arbeiten längere Zeit den Naturgewalten aus (sowie den Gewalten von Passanten und pinkelnden Hunden), findet ein noch größerer Austausch statt. Der Ort und die Kunst wachsen zusammen. Wieder getrennt, nehmen beide Seiten eine neue Prägung wahr. Der Alltags-Footage, dessen Summe unser Lebens-Abdruck darstellt, wird sichtbar.

„Foot-Age" ist für mich die Steigerung von „Footage": der Fußabdruck durch die Zeit.

Eine Nase voraus

Essende, Tutilo Karcher, Ätzung 1969

2007
Eine Nase voraus
Eröffnungsrede anlässlich der Ausstellung
Tutilo Karcher, Köpfe und Bäume – Malerei und Graphik
Galerie Bode, Karlsruhe

Lieber Tutilo, liebe Dorothee, sehr verehrte Gäste der Ausstellung „Köpfe und Bäume",

wissen Sie, wisst ihr, wie richtig gute Kunst entsteht? Zündende Ideen und handwerkliches Geschick können dazu beitragen, ein Gespür für den Zeitgeist ist auch hilfreich. Doch ganz gleich, ob in der Musik, der Literatur oder in Form von Grafik und Tafelbildern, eine Voraussetzung ist unentbehrlich: gute Kunst entsteht, wenn das Wesen des Künstlers mit seinen Werken übereinstimmt. Der schöpferische Prozess ist das Suchen, Finden und Verwandeln in das Gemäße, das Stimmige, welches das Authentische in sich birgt. Der Künstler, sagte Albert Camus, bewegt sich auf dem schmalen Grat zwischen Kitsch und Moral. Hartnäckig, gelegentlich leicht wahnsinnig, geht er treu seinen individuellen Weg. Von der Welt wird der Künstler, die Künstlerin, nicht unbedingt dafür Beifall ernten. Auf der rationalen Ebene ist es ihm sogar selbst nicht immer bewusst, dass er in seiner Kunst sein Wesen ausdrückt. Aber solange die „salto-vitale" des schöpferischen Prozesses genauso wichtig bleibt, wie das Ergebnis, spuckt der Grat am Ende doch gute Kunst aus.

Was steckt wirklich hinter dem Zauber der Arbeiten von Tutilo Karcher? Tutilo Karchers Welt ist geprägt vom Schauen und noch mal Schauen, um sich dann, nach einer weiteren, ausgiebigen „Schaumahlzeit", ins Handeln zu verwandeln. Seinen Bildern kann man auf dem ersten und auf dem zweiten Blick begegnen. Und noch dazu via einem verborgenen Blick. Auf den ersten Blick wirken er und seine Kunst eher unscheinbar. Tutilo Karcher ist ein freundlicher Zeitgenosse. Er trägt keinen goldenen Ohrring, noch umgibt er sich mit Pitbulls. Er setzt sich nicht in Szene, nicht, weil er dazu nicht fähig wäre, sondern weil es ihn überhaupt nicht interessiert. Seine Themen kreisen um Menschen, Dinge und Vorgänge in seiner Wahlheimat Karlsruhe. Die hier ausgestellten Arbeiten reichen bis in die 60er Jahre des letzten Jahrhunderts zurück. Kein Motiv entgeht Tutilo. Oder besser gesagt, alles ist Motiv! Er sagt immer, dass er erst die Bank und dann das Motiv sucht. Er liebt es, Banales und Heiliges zu vermischen, ja, gerade das Banale hat für ihn heilige Züge. Er ist ein sympathischer „Spanner", der den Hund samt Hundebesitzer beobachtet, sowie die alte Frau in der Kirchenbank oder den Obdachlosen vor Aldi. Ich behaupte auch, dass er im Umkreis der Innenstadt von Karlsruhe, jeden gefällten Baum, sowie den Zustand sämtlicher Baustellen kennt. Tutilo Karcher kann durch seine Bilder unsere Aufmerksamkeit auf die einfachsten Dinge lenken. Alles ist für ihn Gleichnis, ja, er liebt Metaphern, aber seine Schöpfungen tragen stets ihr „Alltagsdress", denn alles Abgehobene, welches ihm gänzlich fremd ist, baut keine Beziehungen auf.

Es entsteht ein Reiz, verehrte Besucher und Besucherinnen, ja, ich wage es als Faszination zu bezeichnen, wenn ein Mensch die Langsamkeit so verinnerlicht hat, wie Tutilo Karcher. Und doch ist er uns allen eine Nase voraus! Ist nicht die Langsamkeit in aller Munde, die neue Göttin, die uns aus den Fängen der virtuellen Schnellspur retten soll? Und in einer Welt, die ökologisch, politisch und religiös-psychologisch hyperventilierend dem Zusammenbruch naht, ist dann nicht einer, der einfach stehen bleibt, schaut und dankt, ausgesprochen wegweisend? Liebe Gäste, gehen Sie nachher spazieren in einem Baumblatt von Tutilo Karcher. Spüren Sie nach, wie der Stichel langsam und ruhig, über Stunden, Tage, ja sogar über Jahre hinweg, die Kupferplatte mit einer feinen Verästelung von Strichen bedeckt hat, lebendiges und genaues vereinend. Ich verspreche Ihnen, so werden Sie über den zweiten Blick zum verborgenen Blick gelangen.

Meine Damen und Herren, nun wissend um diesen Hintergrund, werden Sie sicherlich den Titel dieser Ausstellung besser verstehen - „Köpfe und Bäume". Was den verborgenen Blick seiner Arbeiten angeht, trinkt Tutilo Karcher, wie die Bäume auf seinen Grafiken, von tiefem Grundwasser, sprich von gläubigen Quellen. Aber, er moralisiert nicht in den Baumkronen herum, sondern lässt uns als Betrachter immer Raum, uns selbst in den Bildern zu entdecken: mal als Spötter oder als Verspotteter, doch immer als Menschgewordener.

Tutilo Karcher besitzt eine weitere Fähigkeit, um die wir ihn alle beneiden können: die Gabe, in der Gegenwart zu verweilen. Er kann die BNN im Schaufenster am Marktplatz lesen, während er gleichzeitig im Geiste den nächsten Kupferstich der Pyramide entwirft, oder eine Tasse Kaffee mit seinen Kumpels bei Tchibo trinken und zugleich Charakterstudien betreiben. Was mich schon immer an ihm fasziniert hat, ist die Tatsache, dass man ihn so selten arbeiten sieht. Arbeiten in einem solchen Sinne, wie wir gewöhnlich Arbeit definieren. Und doch habe ich mit der Zeit begriffen, dass es kaum Zeiten gibt, in denen er nicht arbeitet. Tutilo Karcher bei der „Arbeit" zuschauen zu wollen, ist, wie der Wunsch, eine Pflanze wachsen zu sehen. Und doch, und doch, plötzlich sind die Blüten da!

Tutilo Karcher ist, liebe Besucher und Besucherinnen, ohne seinen Humor überhaupt nicht vorstellbar. Karl Valentin und Buster Keaton hätten an seinen knitz-melancholischen Alltagsphilosophien ihre wahre Freude gehabt. Achten Sie darauf, welche kleinen Details er in den Bildern versteckt hat! Gleichzeitig ist er ein Meister des Weglassens. Sie meinen, alles ist dargestellt, doch aufgepasst, er kann Sie gekonnt austricksen! Mal fehlt ein Fenstersims, mal wird eine Nase nur suggeriert oder ist mit dem Hintergrund verschmolzen. Ja, wer an der Akademie abstrakt anfing, dann realistisch-gegenständlich wurde und heute souverän von einer Bühne zur anderen wechselt, der ist nun mal köstlich unberechenbar. Sie, Herr Wachter, als sein Professor an der Akademie, werden sich vielleicht daran erinnern, Tutilo als Student den Rat gegeben zu haben, doch mal wieder Naturstudien zu betreiben. Tutilo meinte einmal, als ihm keine weiteren klugen Erklärungen für seine abstrakten Arbeiten einfielen, dass er daraufhin diesem Rat folgte.

Tutilo hat mich ausdrücklich darum gebeten, in meiner Rede mit Lob zurückzuhalten. Nun wissen Sie, liebe Zuhörer und Zuhörerinnen, dass ich meinem Ehemann gegenüber nicht immer folgsam bin! Seiner Meinung nach müsste er wesentlich mehr Kunst produzieren und seine allseits berühmte Langsamkeit würde nur der eigenen Faulheit dienen. O-Ton Tutilo bei der Vorbereitung für diese Ausstellung: „Köpfe gehen gerade noch, solange Hände, Füße und Körper nicht dazu kommen". Doch ein Lob auf die faule Langsamkeit! Noch werden Workaholics bewundert, aber das Blatt wendet sich. Und im Märchen siegt der Igel über den Hasen.

Last not least, die entschiedenste Zutat, welche die Kunst von Tutilo Karcher so richtig lecker macht, wie die Belgier es ausdrücken: Die Gabe, sich selbst nicht wichtig zu nehmen. Der Dichter Georg Peguy sagte, diese Fähigkeit allein ermöglicht es einem, gelegentlich über die Wahrheit zu stolpern. Und im Volksmund heißt es: „Gott schenkt's den Seinen im Schlaf".

Abschließend, damit die Stimmung hier nicht allzu heilig wird, ein Zitat von Karl Valentin: „Kunst ist schön, macht aber viel Arbeit". Und auf die Frage, was ihr Schreiben am meisten inspiriert hat, antwortete Dorothy Parker, berühmt-berüchtigte Journalistin der Goldenen Zwanzigern, knapp und präzise: „Geldmangel, Darling". Sehr verehrte Gäste, es ist mir eine Ehre, hiermit die Ausstellung „Köpfe und Bäume" meines hoch geschätzten Kollegen und Ehemannes Tutilo Karcher zu eröffnen. Und im Namen von Tutilo und mir nochmals unseren allerliebsten Dank an Dorothee Bode, Galeristin und Hüterin der roten Punkte!

Installation
Wir retten die Welt

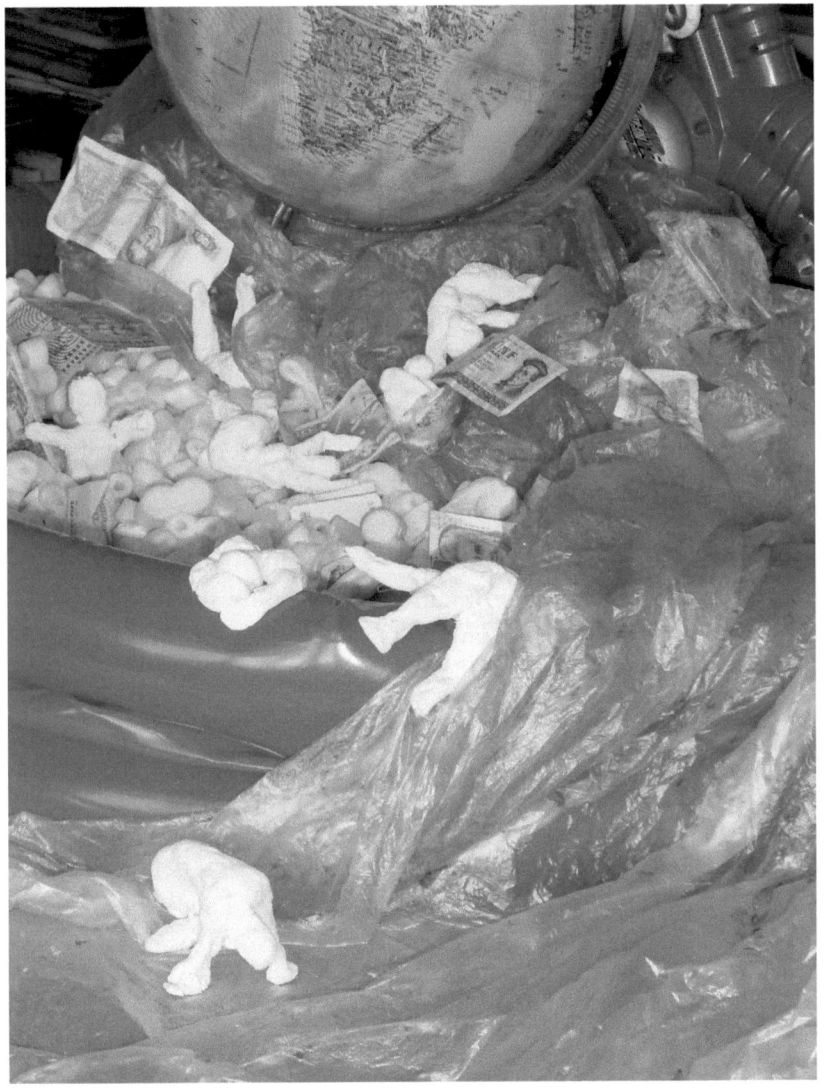

Installation - Ausschnitt Wir retten die Welt, 2015

2014
Gedanken zur Installation
Wir retten die Welt

Wir retten die Welt... was löst dieser Satz bei Ihnen aus? Spott, Verzweiflung, Kampflust, ein Gefühl der Überforderung oder vielleicht Hoffnung und Motivation? Wer sind „wir"?! Wie können wir die Wirklichkeit jenseits von „Lieschen-Müllers Optimismus" und dem „Burn-Out Aktivismus" erleben?

Auf der Welt gibt es natürlich nicht nur uns – die Natur, sozusagen die Schöpfung, hat bisher immer Möglichkeiten gefunden, sich gegen unsere unsinnige Kontrollsucht zu wehren. Ist sie jedoch möglicherweise bald mit ihren Kräften am Ende? Wenn ja, hilft eventuell ein Glaube daran, dass, metaphorisch gesprochen, eine größere „Käseglocke" über unserer innerweltlichen „Käseglocke" existiert, welche doch noch ein Wort mitzureden hat?

Sie sehen hier zwei Welten, beide noch dualistisch miteinander verbunden. Links ist ein schwach aufgepumptes Planschbecken, doch anstatt mit Wasser, voll mit Müll und alten Geldscheinen. Schauen Sie genauer hin und Sie werden Figuren aus Salzteig im Becken entdecken. Sie haben die gleiche Farbe wie der Müll und drohen, in ihm zu ertrinken. Als zweite Welt, ein Globus, bestückt mit Monopoly Hotels, positioniert auf den Vereinigten Staaten, Europa und Japan. Eine gewaltige Wasserpistole vervollständigt die Bühne.

Einige der Menschen aber entkommen dem Horror-Szenario. Je weiter sie sich von diesem entfernen, desto farbiger werden sie. Sie helfen sich gegenseitig und können somit die Welt auf der rechten Seite erreichen. Hier ist es bunt, lustig, vielseitig und auch ein bisschen verrückt. Doch diese Welt verkörpert alles, was Mensch und Natur brauchen: Weisheiten früherer Zeiten, Kunst und Technik, Kommunikation und Beziehung, Farben und Pflanzen. Nutzen Sie die Taschenlampe, um auch das Innenleben des Häuschens zu erkunden. Provisorien werden vorgefundenen, nicht nach festen Regeln recycled. Daher trägt diese Welt Züge von den Ländern, in denen das Geld knapp ist, aber Charme und Ideenreichtum vorhanden sind. Beides kann aus der Not heraus entstehen. Wir „Westler" haben noch zu lernen, wie Not in Lebensqualität verwandelt werden kann. Mir persönlich hilft immer wieder das Zitat vom Nam June Paik, Fluxus Künstler und Vater der Video Kunst: „Too perfect, God angry".

Ich nenne diese andere Welt das „Greenhouse", auf deutsch „Treibhaus": ein geschützter, gepflegter Raum, in dem die Beziehungen zueinander und zu der Natur gedeihen können. Um mein Greenhouse habe ich eine Schleife gebunden. Denn ist die Welt nicht ein riesiges Geschenk, vielleicht das größte überhaupt? Lieben wir dieses Geschenk und - ganz wichtig! - die Zeit, in der wir leben, dann werden wir die Welt sicherlich retten. Denn die Liebe versetzt Berge, oder nicht? Und wer das glaubt, wird es auch tun.

Aus: Dietrich Maier, Hermann Josef Roth, Wasser und Brot, Katalog zur Ausstellung, Stadtwerke Karlsruhe, 2014

Engel, Kreuz und Körper

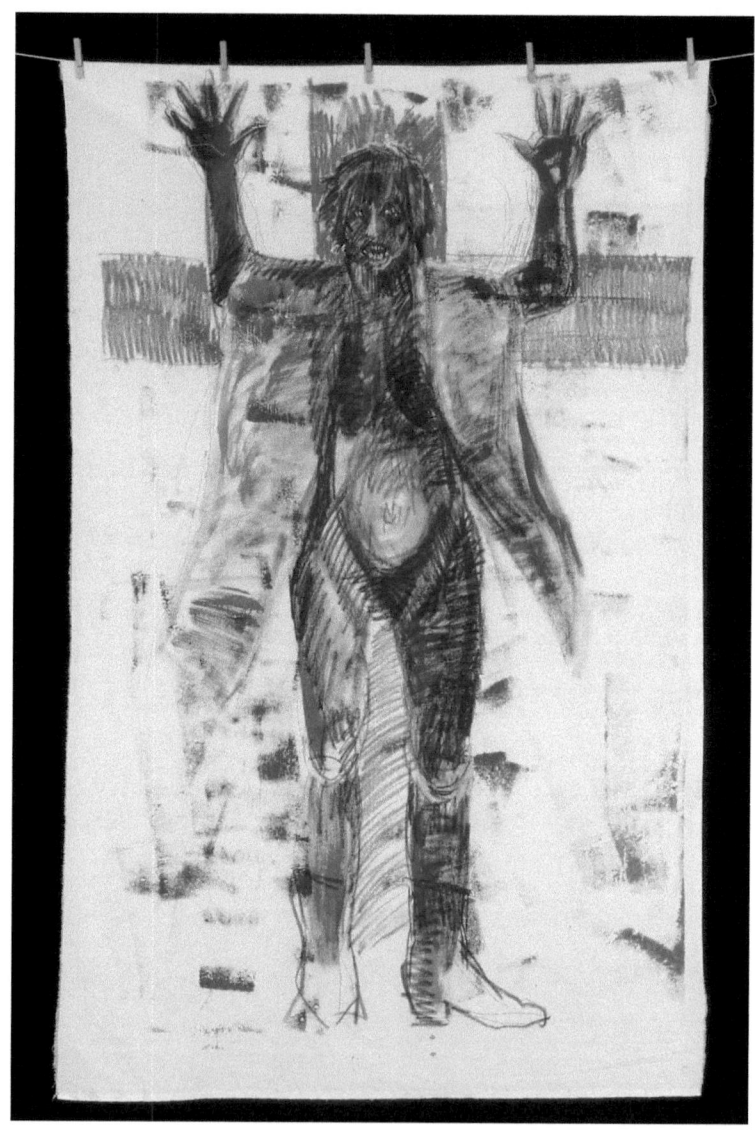

Warnende aus „Engel Kreuz und Körper"
Emulsion auf Leinwand, 2015

1999
„Engel, Kreuz und Körper:
Reizwäsche und Passionsfahnen"

„Engel, Kreuz und Körper" ist ein 13-teiliger Malzyklus zum Thema Leid und Leidenschaft, Ohnmacht und Befreiung. Ähnlich wie bei meinem "Frauenaltar" werden hier die kultischen, erotischen und spirituellen Dimensionen der Frau dargestellt. Tabuisiertes und Verdrängtes bekommt Raum und die Schattenseiten unserer Existenz rücken in den Mittelpunkt. Gleichzeitig sind die Bilder eine Darstellung der weiblich-göttlichen Kraft, in ihrer Fähigkeit, Körper und Geist zu feiern und aus der Asche der Zerstörung heraus aufzuerstehen, um neu zu gebären. Die Präsentation der Bilder ist so konzipiert, dass sie mit Wäscheklammern auf Wäscheleinen aufgehängt werden. Die einzelnen Arbeiten (ca. 110x180 cm) sind zügig und frei auf rohe, ungesäumte und ungebügelte Leinwand gemalt. Collage und Kunststoffelemente wurden ebenfalls eingesetzt. Die ungeschützte Leichtigkeit des Materials und ihre Unfertigkeit spiegeln die thematischen Prozesse wieder: das Innen wird nach Außen gestülpt, es gibt sich ungeschminkt preis und riskiert Verletzungen. Angst, Wut und Ohnmacht, aber auch Erotik, Ekstase und Vitalität werden nach oben gespült. Ruach-Jahwe kann durch alle Räume der Seele wehen und ihr heilende Kräfte spenden.

Wir retten die Welt

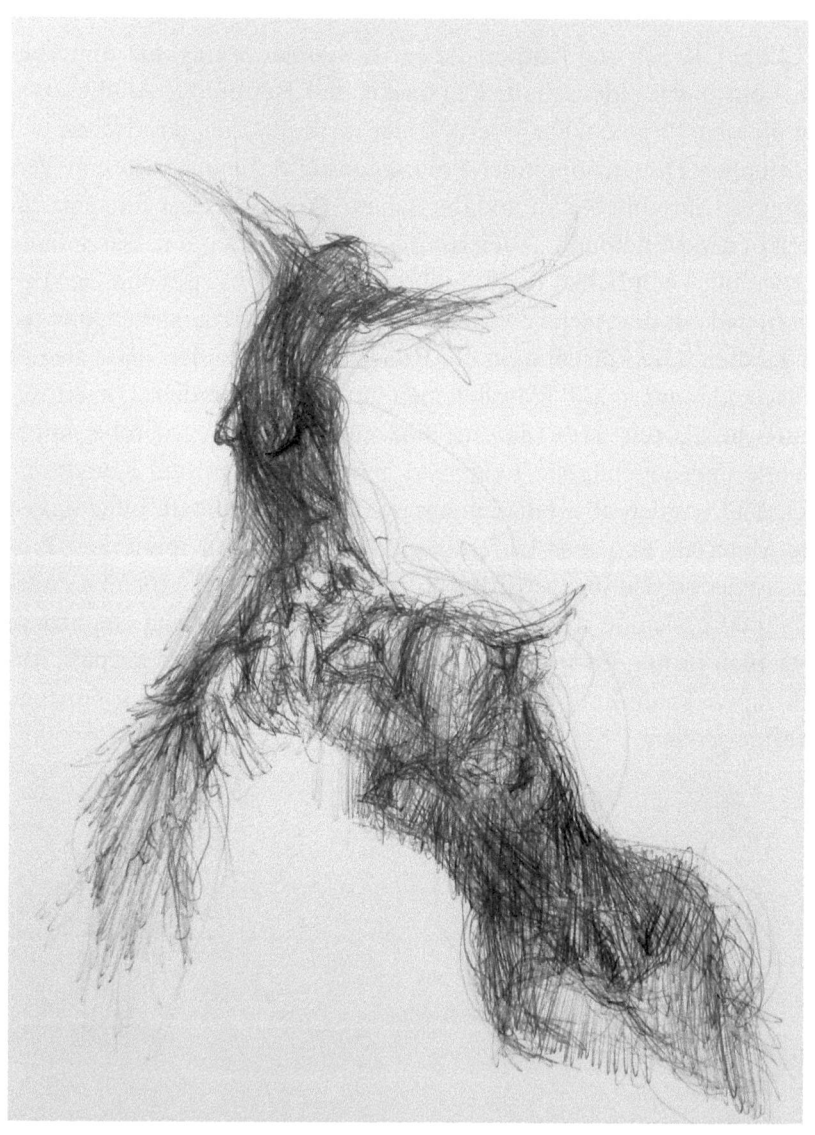

Titelseite „Wir retten die Welt"

2021
Vorwort
„Wir retten die Welt"

„Das Böse ist immer und überall" sang 1985 die Erste Allgemeine Verunsicherung in ihrem Hit „Ba Ba Banküberfall". Ein Böses, dass immer und überall ist...wie reagieren wir darauf?

Worst-Case-Szenario: die drei „V" = Verdrängen, Verdammen, Verherrlichen.

Best-Case-Szenario: Begegnen.

Wie viel Literatur psychologischen, ethischen, theologischen und philosophischen Ursprungs beschäftigt sich mit diesem Thema? Und wie viel davon ist moralisch überladen? Stories aber, sind anders. Sie lehren, ohne zu belehren. Wir lieben sie, weil sie uns zeigen, „how to live". Doch was ist das Gemeinsame, dass Geschichten, Märchen und Mythen teilen? Alle entspringen sie einer Story, die so alt ist wie die Menschheit selbst: die Held:innen und ihre Freunde ziehen mutig los, um dem Bösen zu begegnen. Zwei Weltkriege, Vietnam, Syrien und Afghanistan, Neoliberalismus und Influencer:innen, Übergriffe am Körper und Geist von Konzernen und Weltmächten, eine Umwelt am Rande des Abgrunds... und doch: auch in unserer Zeit via Buch, Bild, Lied, Film und Internet gibt es überwältigende und inspirierende Beispiele dafür, wie dem Bösen begegnen das Gute hervorruft. Klar bleibt dabei, dass der Reisende die Hölle durchlaufen muss, um das Gold am Ende des Rainbows zu befreien. Dem Bösen muss man aber nicht alleine begegnen. Dafür sind Freunde, dafür ist Community da. Virgil begleitete Dante durch die neun Kreise der Qual, Sancho Pansa wich nie von Don Quixotes Seite, Sam war bei Frodo in Mordor. Und was wäre Harry Potter ohne Ron und Hermine?

Gute Storys bieten die Identifikation mit der Menschlichkeit der Protagonist:innen. Unvergesslich bleibt Frances McDormands Darstellung von Mildred Hayes in „Three Billboards Outside Ebbing, Missouri". Mildred ist verbittert und rachsüchtig, doch indem sie es schafft, das Bösen in sich selbst zu erkennen und den Feind zum

Freund zu machen, wagt sie es wieder, das Leben als lebenswert zu riskieren. Aristoteles meinte, dass der Mensch die entscheidende Bedeutung von dem Guten für seine Lebensführung erst erkennt, indem er die Leistung erbringt, die für ihn aufgrund seiner menschlichen Natur charakteristisch ist. Also...do good and you will be you.

Und die Utopie? Ingeborg Bachmann sieht Ulrich, den Protagonist aus Robert Musils großem, fragmentarischen Werk „Ein Mann ohne Eigenschaften" als Utopist, der, wie Musil schreibt, einen „Sinn für die noch nicht geborene Wirklichkeit" besitzt. Für Ernst Bloch wiederum ist die Utopie das „Denken nach Vorn".

Die Parusie ist ebenso wie die Utopie ein „Noch-Nicht-Ort". Platon bezeichnete die Parusie als die Anwesenheit bzw. Gegenwart der Ideen in den Dingen. Das würde bedeuten, die Aufhebung der Dualität und die Einigung vom Geist, Materie, Denken und Handeln. Und wir erfahren fragmentarische Signale dieses konjunktiven „Beyonds" auch in der wirklichen Welt. Ich erlebe sie zum Beispiel, wenn ich Goyas Desastres anschaue, Mahlers 8. Sinfonie höre oder Harry bei seinem Gang zu Voldemort im Wald begleite.

In „Wir retten die Welt" tritt Sophia als die Verkörperung der vollkommenen Liebe ihrer Eltern Adam und Eva auf die Bühne. Sie trägt den Namen der Weisheit und ist schlechthin der Prototyp des Guten, des Schönen und des Wahren. Ihr gegenüber ist die WB (Weltbank): das gestaltlose, beziehungslose Dunkel schlechthin. Doch Sophia hegt kein Interesse daran, die WB zu besiegen. Stattdessen möchte sie das Böse zu Tode lieben.

In einem Gespräch mit Pascal, dem Erzähler, beschreibt Richard das Wesen von Sophia:

„Schau Sophia an. Der einfache Kontakt mit ihr weckt in ihrem Gegenüber den Wunsch, so zu werden wie sie. Sophia trägt den Virus der Liebe in ihrem Herzen. Alle sind wir schon angesteckt worden von ihr, Pascal, und der Liebesvirus zieht immer größere Kreise. Daher meine Überzeugung, dass unsere vereinte Kraft auch die WB erreichen wird."

Sophia ist der Stein, der, ins Wasser geschmissen, unendliche Kreise zieht. Diese Kreise sind die Freunde. Zusammen mit ihr wagen sie sich in die Tiefe, verlassen ihr vertrautes Insel-Zuhause und folgen ihr letztendlich bis in das dämonische Zentrum der WB. Unterwegs erleben sie das Geschenk neuer Verbindungen und Resonanzen mit Tierwelt und Natur. „Long lost" Fähigkeiten wie Gedankenübertragung, Teleportieren und Seelenwanderung, sowie der Zugang zu den rettenden Schwingungen der Töne, der Musik, verlebendigen sich.

„Wir retten die Welt" habe ich zwischen 2015 und 2018 geschrieben, vor Covid. Mitten in der Pandemie war die Presse voll von der beunruhigenden Agenda 2021 des World Economic Forum in Davos. In ihren Veröffentlichungen propagieren die Mächtigsten und Reichsten der Welt die Idee des „Great Resets": die Welt post Corona global zu rebooten, nach dem Motto: „You will have nothing and you will be happy". Im Prolog Teil 1 zu „Wir retten die Welt" erklärt der Erzähler, wie so etwas vor sich gehen könnte:

„Schon im 20. Jahrhundert, lange vor meiner Geburt, fanden entscheidende Veränderungen in der globalen Weltordnung statt. Dieses Jahrhundert erlebte in seiner ersten Hälfte zwei Weltkriege. Nach dem zweiten Weltkrieg herrschte der sogenannte „Kalte Krieg" zwischen den zwei Weltsystemen Kapitalismus und Sozialismus. Der Kapitalismus siegte über den Sozialismus, aber Gewinnsucht und Umweltmissbrauch gingen weiter, neue Religions- und Ressourcenkriege folgten. Allgemeines Desinteresse und Hinwendung zu Ablenkungen durch Konsum verbreiteten sich wie Seuchen in den Industrieländern, während die Unzufriedenheit in den armen Ländern zu Terrorakten und Umstürzen führte. Gegen Ende des Jahrhunderts stand die ganze Welt am Rande eines Zusammenbruchs.

Die Banken verstanden es jedoch, die globale Sehnsucht nach Erlösung von der zerrütteten kapitalistischen Weltordnung für ihre Zwecke zu nutzen. Sie schlossen sich international zu einer Institution zusammen, die sich „WB" nannte und peu à peu mit äußerst raffinierten Methoden die Macht übernahm. Ihr ist es gelungen, sowohl die Nöte der Benachteiligten wie die Wünsche der Reichen zu instrumentalisieren. In den armen Gebieten der Welt verbesserte sie zunächst die

Arbeitsbedingungen sowie die medizinische Versorgung. Neue Siedlungen wurden aber von Anfang an mit Industriezentren vernetzt und mit der Zeit in Lager umgewandelt. Jegliche Art von Familiengebilde wurde abgeschafft, und als Hauptziele der Erziehung wurden Treue und Dankbarkeit der WB gegenüber propagiert. In den Industrieländern lebten die Menschen in der Spaß-Gesellschaft mit dem Wunsch, die Probleme in anderen Teilen der Welt auszublenden. Dank diesem bereits vorhandenen materialistischen Lebensstil gelang es der WB, alle Erinnerungen an Moral oder Ethik auszumerzen und Geschichte, Religion und Bildung nach und nach aus den Köpfen der Menschen zu verdrängen.

Nach hundert Jahren waren sowohl Demokratien als auch Diktaturen abgeschafft. Weltweit herrschte nur noch das effizient durchstrukturierte Zweikastensystem der WB, bestehend aus der unteren und der oberen Kaste, deren Angehörige ‚UKs' und ‚OKs' genannt wurden. Für beide Kasten bildeten Hightech, Drogen und Sex die drei Säulen ihres Kontrollsystems."

Im ersten Satz meines Romans erfährt der Leser, dass die Welt gerettet wird. Doch die Frage bleibt: Wie sieht das Leben aus in einer Welt, in der Dämonen in Engeln verwandelt wurden und Luzifer als verlorener Sohn nach Hause kehrt? Im Vorwort zum Teil 2 gibt der Erzähler nur die kryptische Antwort, dass wir, die Welt, das Universum, da sein werden, wo das Lebendige ist. Was heißt das aber konkret? Seit ich „Wir retten die Welt" zu Ende geschrieben habe, denke ich viel darüber nach. Und wer weiß, vielleicht wird die Story weitergehen...

Aus: Carter, Candace, Wir retten die Welt, BOD Books on Demand Verlag 2021

2023
Forward
"We save the World"

"Evil is anywhere and everywhere" sang the band "Erste Allgemeine Verunsicherung" 1985 in their hit song "Ba Ba Banküberfall". Evil anywhere and everywhere...how can we deal with that?

Worst-case scenario: repress, condemn, glorify. Best-case scenario: encounter.

Reflecting on the amount of philosophical, psychological, ethical and theological literature dealing with this topic, what percent is morally overloaded? Stories are different. Stories don't lecture. We love them because they show us "how to live". What is the common denominator stories, fairy tales and myths share? All stem from a tale as old as humanity itself: The heroine, the hero, together with friends, set out bravely to confront evil. Two world wars, Vietnam, Syria and Afghanistan, neoliberalism and influencers, assaults on body and mind by corporations and world powers, an environment on the brink of destruction, and yet, in our time, via book, image, song, film and internet there are overwhelming and inspiring stories of how the willingness to encounter evil can bring about good. Stories of those who go through hell to liberate the gold at the end of the rainbow. No one has to face evil alone. Friends and community play an important role. Virgil accompanied Dante through the nine circles of hell, Sancho Pansa never left Don Quixote's side, Sam was with Frodo in Mordor. And what would Harry Potter be without Ron and Hermione?

Good stories offer identification with the humanity of the protagonists. Frances McDormand's portrayal of Mildred Hayes in "Three Billboards Outside Ebbing, Missouri" remains unforgettable. Mildred is bitter and vengeful, but by learning to recognize the evil within herself and turning an enemy into a friend, she again dares to risk life as worth living. Aristotle believed man recognizes the crucial importance of the good for his conduct in life only by performing that which is characteristic of him by virtue of his human nature. In other words, do good and you will be you.

And Utopia? Ingeborg Bachmann sees Ulrich, the protagonist of Robert Musil's great fragmentary masterpiece "The Man Without Qualities", as a Utopian who, as Musil writes, possesses a "sense of reality not yet born." For Ernst Bloch, Utopia is "thinking ahead."

Like Utopia, the Parousia, is a "Not-Yet-Place". Plato refers to the Parousia as "the presence of ideas in things", that is, the end of duality and the unification of spirit, matter, thought and action. We all experience fragmentary signals of this conjunctive "Beyond" in the real world. I recognize them, for example, when I gaze at Goya's Desastres, listen to Mahler's 8th Symphony, or accompany Harry on his way to face Voldemort in the forest.

In "We Save the World", Sophia takes the stage as the embodiment of her parents Adam and Eve's perfect love. Bearing the name of wisdom, she incorporates the prototype of the Good, the True and the Beautiful. Her counterpart is the WB (World Bank): a demonic, devouring, dark and formless force. Yet Sophia has no interest in defeating the WB. Instead, she wants to love it to death.

Richard, in a conversation with Pascal, the narrator, describes the nature of Sophia:

"Behold Sophia. From the moment you meet her, your soul lights up and you want nothing more than to become like her. Sophia carries the virus of love in her heart. She has infected us all, Pascal, and the love virus is spreading. Hence my conviction that our united strength will also reach the WB."

Sophia is the stone, thrown in the water, building infinite concentric circles. These circles are the friends. Together with her, they risk depths and dangers, ultimately accompanying her into the bowels of the WB. During the journey, all experience renewed connections and resonances with wildlife and nature. "Long lost" skills, such as telepathy, teleportation and transmigration, as well as enhanced access to the redeeming qualities of music, tones and vibrations, come to life.

I wrote "We save the World" between 2015 and 2018, that is, before

Covid. In the midst of the pandemic, the press was full of the disturbing 2021 Agenda of the World Economic Forum in Davos. In their publications, the rich and powerful propagated the idea of the "Great Reset", to globally reboot the world post Corona, in accordance with the motto: "You will have nothing and you will be happy". In the Prolog to Part 1, our narrator explains how this might come about:

"In the 20th century, long before my birth, decisive changes in the world order took place. This century experienced two world wars in its first half. After the Second World War, the so-called "Cold War" prevailed between Capitalism and Socialism. Capitalism triumphed over Socialism, but greed and environmental abuse, new religious-and resource-wars followed. General disinterest and consumption distractions spread like wildfire in the industrialized countries, while discontent in the poor nations led to acts of terrorism and upheaval. By the end of the century, the planet was on the verge of collapse.

The banks, however, masterminded the global longing for redemption from the shattered capitalist order for their own purposes. Joining forces internationally they founded an institution under the name of WB, short for World Bank. Using extremely sophisticated methods, the WB exploited both the needs of the disadvantaged and the desires of the rich. In the poor areas of the world, working conditions and medical care were improved. However, from the beginning, new settlements were linked to industrial centers and, over time, turned into prison camps. Family structures were abolished, while loyalty and gratitude to the WB were propagated as sole education goals. In the developed countries, people were kept in a perpetual "fun stupor", bar any contact with other parts of the world. In time, the WB succeeded in eradicating all memory of morality, ethics, history, religion and education.

Within a hundred years, both democracies and dictatorships were gone. Worldwide, only the efficiently structured two-caste system of the WB existed, consisting of the lower and the upper caste, whose members were called 'UKs' and 'OKs'. For both castes, high tech, drugs and sex defined the three pillars of their control system."

In the first sentence of my novel, the reader learns that the world has been saved. But the question remains: What is it like in a world where demons have become angels and Lucifer, the prodigal son, returned home? In the Prologue to Part 2, the narrator shares only the cryptic answer, that we, the world, the universe, will again be one with the "Living". Since completing "We Save the World," I have given this a great deal of thought. And who knows, perhaps the story will continue....

Bilder Einweihung

Porträt Madeleine Delbrêl, Emulsion auf Holz, St. Stephan,
Karlsruhe 2023

Rede bei der Einweihung der Bilder
von Madeleine Delbrel und Oscar Romero
St. Stephan, Karlsruhe
Gottesdienst am 21. Mai 2023

Ich verrate Ihnen was: ich war nicht immer katholisch. Ich wuchs im Mittleren Westen der USA in einer ökumenisch-geprägten protestantischen Familie auf. Jugendarbeit, Chor, die kleine Kirche meiner Kindheit war mein zweites Zuhause und Gott mein bester Freund. 1970 kam ich nach Deutschland und studierte Kunst in Hamburg. Wir waren die „68er Generation". Das Engagement der Kirche für Gerechtigkeit auf Erden schien uns zu lahm. 1972 trat ich in die Deutsche Kommunistische Partei ein.

Ende der 70er übersiedelte ich nach Karlsruhe und mein Glauben klopfte erneut immer lauter an die Tür. 1984, bei einer ökumenischen Trauung, heiratete ich dann den Katholiken und Malerkolleg Tutilo Karcher. Unsere Tochter Elisabeth kam 1987 und unser Sohn Robert 1990 zur Welt. Ich fühlte mich immer mehr hingezogen zum Katholizismus, insbesondere zur mystischen Tradition, und konvertierte 1984. Von Anfang an war ich vernarrt in die Gottessucher:innen, diese verrückte Gruppe von Menschen, die innerlich glückselig blieben, egal welche Schicksalsschläge die Welt für sie bereithielt. Pater Otto Gaupp und später Pfarrer Achim Zerrer haben mich auf meinem geistigen Weg begleitet. Von 1984 bis 1989 war ich also sowohl Christin, wie auch Genossin. Erst 1989 verließ ich die Partei, dem Rat Paul Claudels folgend: Verabschiedest du dich von einem Raum in deiner Seele, lass die Tür zwischen dem alten und dem neuen offen.

1994 malte ich die vier Gottessucher:innen, welche schon hinten in der Kirche hängen. Kurz danach verließ ich meine Familie und wanderte viele Jahre in einer seelischen und psychischen Wüste umher. Erst 2005 fand ich zurück zu meiner Familie und erlebte Heilung. Mein Mann starb 2019. Mein Enkel Anton Tuto kam 2021 zur Welt.

Als das Gemeindeteam mich bat, Madeleine und Oscar zu malen, bin ich zu meinem Freund Rupert gegangen. „Rupert", sagte ich,

„dich habe ich vor fast 30 Jahren gemalt. Schaffe ich diese Challenge erneut? Du weißt, wie selten ich noch an der Staffelei stehe, eher beschäftigt mit dem Schreiben von Romanen, sowie dem Drehen und Aufnehmen von Videos und Podcasts für YouTube."

Einmal, als ich bei Rupert saß, entdeckte ich, abgestellt in einer Ecke, diese Tonschale (Anmerkung: ich halte eine Tonschale hoch, auf welche ich zeige): kleine grüne Rosetten, fast zu Tode gegossen, den Namen „Sempervivum", „immer lebend", tragend. Ich fragte den netten Messner, ob ich die Schale mit nachhause nehmen dürfte. So fing unsere Freundschaft an, Achim. Und ich malte die Hauswurz als Emblem auf alle Bilder.

Oscar, wir kamen gut klar. Aber du, Madeleine, mir so nahe, hast es mir nicht leichtgemacht. Ich malte und übermalte dich und struggelte damit, die joie de vivre in deinem Lächeln mit der Tiefe deiner Seele, welche aus deinen Augen strahlt, gemäß einzufangen.

St. Stephan: hier heirateten wir und hier heiratete unsere Tochter Elisabeth ihren Philipp. Hier feierten wir das Requiem für meinen Mann. Und hier soll Anton Tuto getauft werden. Liebes Gemeindeteam, lieber Herr Dekan Streckert, danke für die Ehre, Madeleine und Oscar malen zu dürfen. Bei euch und in eurer City Kirche weht der Geist Gottes. Hier habe ich neue Freunde in Christus gefunden. Und hier bin ich mehr als je zuvor zuhause angekommen.

Stories

2008 - 2024

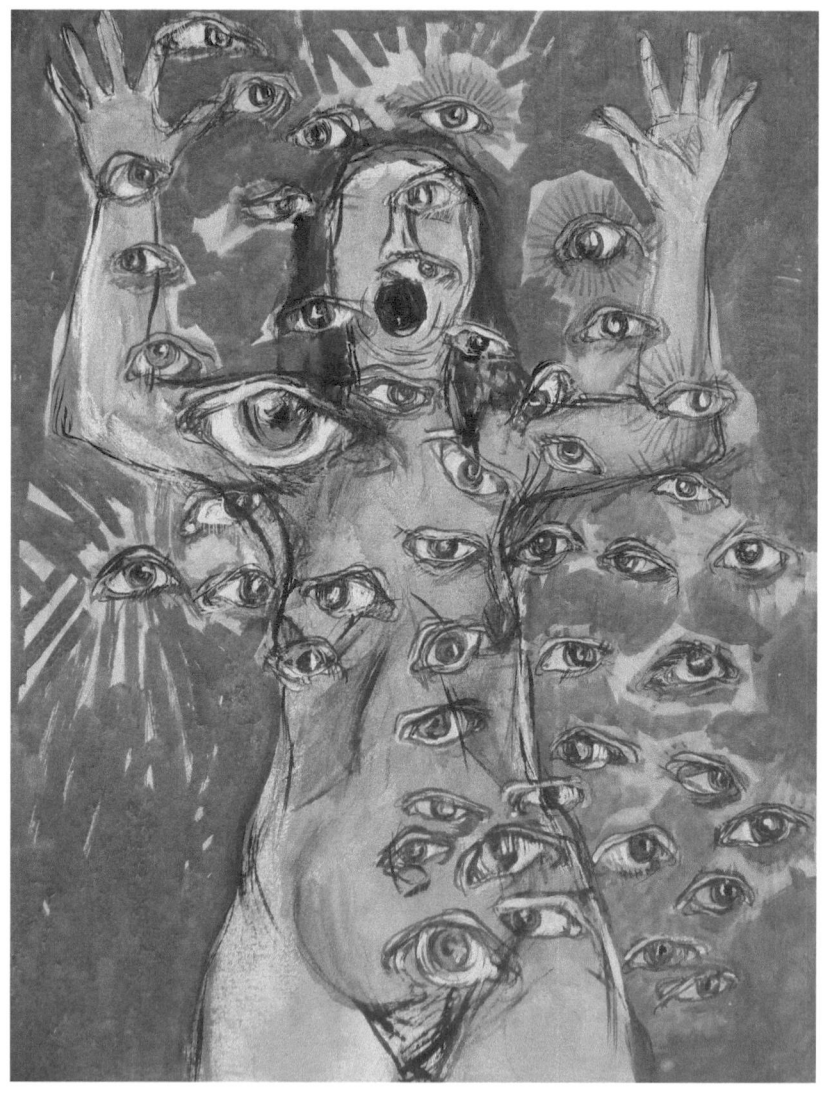

Die Seherin, Emulsion 2008

2008
Es war einmal ein Junge

Es war einmal ein Junge, der mit seiner Mutter lebte. Die Mutter war nicht gesund und oft war der Junge auf sich allein gestellt. Er wusste nicht, wie er ihr helfen konnte. Jedes Mal, wenn es ihr schlecht ging, schloss sie sich in ihr Schlafzimmer ein und der Junge blieb vor der Tür. Er dachte, wenn er ihr ein Stückchen von seinem Arm gäbe, nur ein Stückchen, dass es ihr vielleicht gut genug gehen würde, dass sie herauskommen könnte. Er träumte davon, sie dann zu umarmen und von ihr das Stückchen vom Arm zurück zu bekommen. Und so ging es, Jahr für Jahr, doch die Mutter kam nie raus und die Arme des Jungen wurden kürzer und kürzer.

Doch der Junge war sehr klug und fand einen Weg, anderen vorzutäuschen, dass er Arme hatte. Er wurde groß, heiratete und bekam eigene Kinder. Im Beruf und zuhause glaubten alle, dass er Arme hatte. Nur er wusste, wo sie geblieben waren. Da sein Opfer jedoch nicht gereicht hatte, fing er an, Stückchen seiner Beine bei der Mutter zu lassen. Als die Mutter starb, besuchte er ihr Grab. Er konnte nicht aufhören, ihr weiterhin Teile von ihm zu geben, in der Hoffnung, sie würde ihn und auch sich selbst lieben lernen.

Mit der Zeit merkten die anderen um ihn herum, dass er in schlimmer Not war. Er fühlte sich trotzdem sehr allein und glaubte nicht daran, dass ihm jemand wirklich helfen konnte. Hatte er nicht Arme und Beine seiner Mutter gegeben und es hatte immer noch nichts genutzt?

Und es kam, dass er sich auf einer sehr dunklen Straße befand, welche weg von seiner Frau und seinen Kindern führte, weg von seiner Arbeit und von allen, die ihn liebten. Die Straße kam ihm jedoch irgendwie bekannt vor, denn sie erinnerte ihn genau an die Stelle vor der verschlossenen Schlafzimmertür seiner Mutter. Er hatte große Angst, diese Straße nie wieder verlassen zu können. Plötzlich tauchte eine Parkbank auf. Er setzte sich und zu seiner Überraschung wurde alles um ihn herum ein klein bisschen heller. Da sah er, dass ein Junge gelaufen kam, der sich zu ihm auf die Bank setzte. Der Mann saß mittig auf der Bank und der Junge fragte, ob er ein bisschen nach links rutschen könne.

„Warum?" antwortete der Mann müde. „Du siehst doch, ich habe keine Arme, also hast du mehr als genügend Platz."

Verwundert sah ihn das Kind an. „Du hast Arme. Du siehst überhaupt ganz normal aus!"

Daraufhin sprang der Mann auf und schrie, „Ich spiele seit Jahren nur vor, Arme zu haben und meine Beine sind auch schon fast verschwunden! Erzähle mir keine Märchen!"

Lange schaute das Kind den Mann an, dann sprach es. „Ich sehe dich. Du bist ganz okay."

Der Mann schaute verwundert an seinem Körper herunter. Er hatte wirkliche Arme und Beine! All die Jahre haben die anderen seine Glieder gesehen, weil sie wirklich da waren. Nur er konnte sie nicht sehen.

„Doch ich kann sie nicht fühlen", beklagte er sich beim Jungen, „woher soll ich wissen, dass sie wirklich da sind?"

„Das Fühlen kommt später", erwiderte der Junge, „jetzt reicht es, dass du siehst, dass deine Glieder da sind. Und jetzt geh ein paar Schritte."

„Ich habe Angst! Wie soll ich sie wirklich wahrnehmen?"

„Schau sie fest an und sag mit Überzeugung ‚Ihr seid da'", antwortete der Junge.

Der Mann machte ein paar Schritte, doch danach war er so erschöpft, dass er sich wieder auf die Parkbank setzte.

„Ein bisschen mehr", sagte der Junge.

„Ein bisschen mehr was?" fragte der Mann.

„Ein bisschen mehr probieren. Ein bisschen und dann noch ein bisschen."

„Aber wozu?", fragte der Mann, wieder verzweifelt. „Ich komme nicht dagegen an! Mein Platz ist vor der verschlossenen Tür, ohne Arme und Beine. Ich führe diese Haltung schon so viele Jahre aus."

„Ich habe nicht gesagt, dass es einfach sein wird", gab der Junge ihm zu verstehen. „Ich sage nur, dass es sich lohnt."

„Warum lohnt es sich?" drängte der Mann zu wissen.

„Weil du dann leben wirst, wirklich leben: für deine Frau, für deine Kinder und, du wirst da sein für andere, die meinen, sie hätten keine Arme und Beine. Viele viele Jahre hat deine Seele geglaubt, keine Arme und Beine zu haben. Gib ihr Zeit zu heilen, aber hilf ihr auch dabei."

„Wer bist du eigentlich?" fragte der Mann den Jungen.

„Ich bin du. Du, der nicht vor der verschlossenen Tür geblieben ist", sagte der Junge.

„Lass uns gehen, es wird Zeit. Das Leben wartet."

2008
Two Women

Once there lived a nice woman. She had a nice husband and two nice children, nice friends and a profession she loved. The woman did her best to live by the values her parents had given her and to realize them in her life by helping others and taking on social responsibility in society. In other words, she really gave an effort to be a good person. Her sources of inspiration were the stories and biographies of mystics and other courageous persons who, in spite of great hindrances, served the greater Good.

And yet, in daily life the woman was often desponded and exhausted. So much violence in the world, pain and injustice, so many lonely people! She felt insufficient and overwhelmed from the expectations of those around her. And, hidden deep inside, she was ashamed to be so dependent on what others thought of her.

One day she saw a painting in the window of a gallery. "The Seeress" portrayed a naked woman covered with eyes. Suddenly the knowledge hit her that she was this woman. She saw herself as priestess and prophetess and was convinced, with the revelation the painting gave her, to finally find her true calling. Electrified by the conviction, the dauntless following of this path was the only way to enable her to give her family, her friends and society joy, she went straight to the bank, took out all her savings and bought the painting on the spot. Then, she packed her belongings, left her children and husband and moved to a foreign land.

The woman's state of mind lasted for a short but wonderful period and influenced those around her. "I have found my purpose," she thought. "This is how I can serve God." But as time passed unhealthy feelings began to eat away at her until a great chasm opened up within her soul that could not be ignored. The truth was shattering: she had gambled away all she loved and cherished and even God seemed lost. Suffocating from guilt and despair, her body and her spirit grew stiffer and stiffer until she fell into a deep coma. She knew friends and family were reaching out, but she experienced herself as a prisoner in a glass coffin.

In this state, she had a dream. As if she were awake, she lay martyred to the bed. In the dim light, she saw the painting on an easel at the end of the bed. It seemed strangely transformed as if glowing from within. Many of the eyes showed fear and panic. The exposed body of the woman with the raised hands looked macabre and at the mercy of fate. In the eyes of the painting, the woman recognized the sad eyes of her abandoned children and those of her uncomprehending husband's. And slowly, ever so slowly, she found her own eyes, reflecting all her illusions and false dreams.

Suddenly the figure in the picture began screaming for help. The woman on the bed felt life returning to her body and she began to pray loudly: "You, God who are there and not there, bring me to this afflicted woman!" Praying thus, she jumped into the painting and stood before her likeness in the exact same position. The painting became a portal for eons and universes the two women wandered through together. Surrounding them were the eyes, some demon-like, others merciful. At times, others climbed into the painting to give consolation. The woman feared she might always have to stay in the painting. Still, she kept course and faith in the God who felt so absent. And the day came when she agreed to this absent God to stay in the picture if it was His will. From that moment on, the coma began to loosen.

Later she couldn't really say when she first felt movement in her arms. Her mouth relaxed as did her neck and well—just everything! Finally free she still stood for a while protecting her sister in the painting. She knew the agony of this woman and she loved her.

Eventually the woman climbed down from the painting. After waking up completely, she also rose from the bed. Returning home, she put the broken pieces of her life back together. In her resided a new strength. A strength that conquered her fear of excessive demands. A strength that gave her joy helping others as well as hope and confidence in the world. She questioned not this strength was a gift, for grace cannot be obtained through effort.

One day the woman was running errands, a task she in earlier times disliked. Now she loved it, especially standing in line at the supermarket and surprising strangers around her with little compliments and attention. Just to see their faces light up like the sun was each time to her a miracle.

As she was packing her wares, her glance fell on the cashiers and on the people still standing in line. In a flash of clarity and rapture, she experienced in her being how Christ loved each and every one of us. The moment passed and the woman finished filling her bags. Deeply moved she quietly left the "Supermarket on the Mount" and rode her bike home. On the way, she didn't forget to take the overdue books back to the library and buy toothpaste at the drugstore. Arriving home, she knew, truly and finally, she had arrived home.

2008
Zwei Frauen

Es lebte einmal eine nette Frau. Sie hatte einen netten Mann, zwei nette Kinder, nette Freunde und Freundinnen und einen Beruf, den sie liebte. Die Frau war bemüht, die Werte, die sie als Kind von ihren Eltern mitbekommen hatte, in ihrem Leben umzusetzen, wie beispielsweise anderen zu helfen und soziale Verantwortung in der Gesellschaft zu übernehmen. Mit anderen Worten, sie strengte sich wirklich an, eine gute Christin zu sein. Ihre Quelle der Inspiration bildeten die Geschichten und Biographien von Mystiker:innen und anderen mutigen Menschen, die, trotz unzähliger Hindernisse, dem größeren Wohl ihr Jawort gaben und ihm dienten.

Doch im Alltag fühlte sich die Frau oft mutlos und erschöpft. So viel Gewalt gab es, Leid und Unrecht, so viele einsame Menschen! Sie kam sich ungenügend vor und überfordert von den Erwartungen ihrer Mitmenschen. Und, im Stillen, schämte sie sich von der Anerkennung anderer so abhängig zu sein.

Eines Tages erblickte die Frau in einem Schaufenster ein Bild. Es hieß „Die Seherin" und stellte eine nackte, mit Augen übersäte Frau dar. Wie vom Schlag getroffen wusste sie, dass sie selbst die Frau auf dem Bild war. Sie sah sich als Prophetin und Priesterin und sie glaubte ganz fest daran, dass sie mit Hilfe dieser Offenbarung, welche das Gemälde für sie darstellte, endlich ihre wahre Berufung finden würde. Gleichzeitig durchströmte sie die Überzeugung, dass die unerschrockene Verfolgung dieses Weges die einzige Möglichkeit bot, ihre Familie, ihre Freund:innen und die Gesellschaft zu beglücken. Sie ging daher schnurstracks zur Bank, hob all ihre Ersparnisse ab und kaufte auf der Stelle das Bild. Dann packte sie ihre Sachen, verließ Mann und Kinder und zog in ein fremdes Land.

Ihr Geisteszustand hielt für eine kurze, herrliche Zeit an und ihre Ausstrahlung übertrug sich auf andere. Ich bin endlich am Ziel, dachte sie. So darf ich Gott dienen. Doch mit der Zeit wuchs nagendes Unwohlsein in ihr, bis ein nicht mehr verdrängender Abgrund Gestalt annahm. Die Erkenntnis war erschlagend: verspielt hatte sie alles, was ihr lieb und teuer war, und auch Gott schien ihr abhandengekommen zu sein. Schuld und Verzweiflung drohten sie zu ersticken. Ihr Geist und ihr Körper erstarrten immer mehr, bis sie in ein tiefes Koma fiel. Sie nahm zwar wahr, dass Freund:innen und Familie sich liebevoll um sie kümmerten, doch sie erlebte sich selbst als gefangen in einem gläsernen Sarg.

In diesem „lebendig-toten Zustand hatte die Frau einen Traum. Wie im wachen Zustand lag sie gemartert auf dem Bett. Das Zimmer war in ein schummriges Licht getaucht. Am Fußende des Bettes erblickte sie auf einer Staffelei das Bild. Es schien seltsam verändert und glühte von innen. Viele Augen drückten Angst und Panik aus und der ungeschützte Körper der Frau mit den erhobenen Händen wirkte makaber und ausgeliefert. Die Frau erkannte die traurigen Augen ihrer verlassenen Kinder, sowie die verständnislosen Augen ihres Mannes. Und langsam, ever so langsam, entdeckte sie ihre eigenen, von Illusionen und falschen Träumen verschleierten Augen.

Auf einmal fing die Gestalt im Bild an, hemmungslos um Hilfe zu schreien. Es kam Leben in den Körper der Frau auf dem Bett und sie fing an laut zu beten: „Du Gott, du der bist, der nicht da ist, bringe mich zu dieser leidenden Frau!" So bittend stieg sie mutig in das Bild hinein und stellte sich in der gleichen Haltung vor die geschundene Gestalt. Und das Gemälde verwandelte sich in ein Portal für unzähligen Äonen und Universen, welche die zwei Frauen gemeinsam durchwanderten. Um sie herum spürten sie die Augen, mal dämonisch, doch gelegentlich auch barmherzig. Es kam auch vor, dass andere ins Bild stiegen und sie trösteten. Mit der Zeit wuchs Furcht in der Frau, dass sie für immer in dem Bild bleiben müsste. Doch sie hielt Kurs und vertraute auf den Schutz des fernen Gottes. Und der Tag kam, an welchem sie diesem abwesenden Gott gegenüber einwilligte, im Bild zu bleiben, wenn es sein Wille sei. Ab diesem Augenblick fing ihre Erstarrung an sich zu lösen.

Später konnte sie nicht mal sagen, ab wann sie die ersten befreienden Bewegungen in ihren Armen merkte. Ihr Mund entspannte sich, ebenfalls der Hals und ach, einfach alles. Befreit stand sie noch freiwillig eine Weile schützend vor ihrer Schwester im Bild. Sie wusste aus eigener Erfahrung vom Leid dieser Frau und sie liebte sie.

Doch dann stieg die Frau wieder aus dem Bild und nach dem Aufwachen, aus dem Bett. Bald danach ging sie nachhause und räumte die Scherben ihres Lebens wieder auf. Und es war etwas Neues in ihr, eine Kraft, die ihr die Angst vor Überforderung nahm. Eine Kraft, die ihr Freude am Helfen anderer schenkte, sowie Hoffnung und Zuversicht für die Welt. Sie wusste, woher die Kraft kam und wessen Kraft sie war. Und sie betrachtete sie als Geschenk, denn Gnade kann man nicht verdienen.

Eines Tages ging die Frau einkaufen, eine Tätigkeit, welche sie früher als lästig empfand. Inzwischen liebte sie es, in einer langen Schlange im Supermarkt zu stehen und Fremde mit kleinen Komplimenten und Aufmerksamkeiten zu überraschen. Zu sehen, wie die Sonne in ihren Gesichtern aufging, erschien ihr jedes Mal wie ein Wunder.

Als sie bei Aldi ihre Lebensmittel einpackte, viel ihr Blick wieder auf die Kassierer:innen und auf die Menschen in den Schlangen. In einem Blitz von Klarheit und Ekstase, erlebte sie am eigenen Leib, wie es möglich war, dass Christus jeden Menschen so lieben kann. Der Augenblick ging vorbei. Zutiefst gerührt packte die Frau weiter Joghurt und Brot in ihre Taschen, verließ in stiller Andacht den „Berg Aldi" und fuhr mit dem Fahrrad Richtung Zuhause. Unterwegs vergaß sie nicht die überfälligen Bücher in der Stadtbibliothek abzugeben und Zahnpasta bei dm zu kaufen.

Zuhause angekommen wusste sie, dass sie wirklich und endlich, Zuhause angekommen war.

2016
Es war einmal eine Karotte

Es war einmal eine Karotte. Sie lag zusammen mit ihren Schwestern und Brüdern in der Gemüseabteilung eines freundlichen Ladens. Die Karotte wusste nicht, wie sie dorthin gekommen war. Um sie herum waren andere Gemüsewesen: Zwiebeln, Salate, Paprikas und Kartoffeln. Eine bunte Mischung von fremdartigen, doch keineswegs bedrohlichen Zeitgenoss:innen. Sie alle schienen mit ihrem Los ganz zufrieden zu sein. Aber was genau war ihr Los?

Die Karotte konnte beobachten, wie andere Wesen, die zehnmal größer waren als sie, in dem Laden herumliefen. Laufen, dachte die Karotte ein bisschen neidisch, mit richtigen Beinen. Auch konnte die Karotte sehen, wie diese fremden Wesen mit ihren angewachsenen Armen und Händen einige ihrer Geschwister in Wägelchen mit Rädern legten, die sie in dem Laden herumschoben.

„Wo gehen meine Brüder und Schwestern hin?" überlegte die Karotte. Bei dieser Überlegung wurde sie immer aufgeregter. „Sie haben eine Bestimmung!" glaubte die Karotte und der Gedanke beschäftigte sie ungemein. „Dann habe auch ich eine Bestimmung!" Die Karotte lag ruhig da, aber innerlich jubelte ihr kleines Karottenherz. Sie dachte nur noch an ihre Bestimmung.

Und, sie brauchte nicht lange darauf zu warten. Plötzlich steuerte ein stattliches Wesen mit festen Schritten auf sie zu. Es hatte Arme und Beine, wie alle anderen, die im Laden herumliefen. Doch auf seinem Kopf trug es noch dazu wunderbare, goldene Locken. Die Karotte sehnte sich mehr als alles andere auf dieser Welt, von diesem Wesen ausgewählt zu werden. Und tatsächlich, das Wesen nahm die Karotte in die Hand und betrachtete sie mit ihren blauen Augen sehr genau.

Die Karotte spürte die Wärme der Hand, in der sie lag und freute sich, in den Korb getan zu werden. Doch dann zögerte das Wesen. Ein anderes Wesen war auf sie zugekommen. Dieses gefiel die Karotte auch ganz gut. Vielleicht auch deshalb, weil es eine ähnlich schlaksige Figur wie die Karotte selbst hatte.

Die zwei Wesen plauderten lustig miteinander, sie lachten und schäkerten. Natürlich kannte die Karotte keine Wörter für solches Verhalten, denn sie verstand nur „Karotterisch". Trotzdem verstand sie aber das Wichtigste, denn es gibt eine Sprache, welche alle Wesen der Natur verstehen: die Sprache der Liebe.

Das Wesen mit den goldenen Locken legte die Karotte endlich in ihren Korb. Draußen vor dem Laden sprach sie wieder mit dem anderen Wesen in der universalen Sprache, welche auch der Karotte vertraut war. Die Zwei gingen vorerst ihre Wege, aber im Herzen der Karotte herrschte große Freude. Sie wusste, dass sie ihre Bestimmung erfüllt hatte.

2018
The Boy on the Beach

You are walking along a beach on the ocean. The sand is very fine and white. You feel happy and strong but somehow a spiky shell has found its way into your pocket. Tangled up with the cloth it pricks your skin as you walk. Up a ways, you see a boy building a castle. He kneels naked in the sand. His castle has many turrets with small colorful flags. Coming closer you realize the flags are pieces of clothing on sticks.

"Is this your castle?" you ask the boy.

"Well, kind of," he replies, "a lot of other people live here too. It's much bigger, you know. Only I can see my part."

"I can also see your part," you tell him.

"That's because you would like to build onto mine, am I right?"

He is right. So you sit down and begin shaping up sand. But the shell in your pocket still irritates.

"Why are you squirming around so much?"

You explain, a spiky shell in your pants pocket is cutting into your thigh.

"Well then, take your trousers off. You can use them to make the moat," he offers.

"But I am not a child! I can't just take off my clothes!" you answer, shocked.

"There is no one else on this beach," he responds, smiling.

Overcoming embarrassment, you slowly begin removing your clothing.

"Who is the Lord of this castle?" you ask.

"God," the boy says simply.

You both become quiet. Only the rolling of the waves and their rhythm accompany your work. You are naked. All your belongings have become part of the castle. So intent are you on building you fail to notice the boy has disappeared. And with him his castle. Now only yours is visible. Startled you look down on your body to discover it has become the body of a small girl. In the distance, a woman approaches you. Coming closer she asks, "Is this your castle?"

2018
Der Junge am Strand

Du läufst am Ozean entlang, an einem Strand mit feinem, weißem Sand. Du fühlst dich glücklich und kräftig, doch dummerweise hat sich eine stachelige Muschel in deiner Hosentasche festgefangen. Sie ist in dem Stoff verheddert und pickst dich mit jedem Schritt. Weiter weg siehst du einen Jungen, der eine Burg baut. Er kniet nackt in dem Sand. Näher angekommen stellst du fest, dass die vielen Türmchen mit bunten Flaggen aus Stofffetzen an Stöcken verziert sind.

„Gehört die Burg dir?" fragst du ihn.

„Ja und nein", antwortet er. „Weißt du, die Burg ist in Wirklichkeit größer. Viele andere Menschen wohnen auch hier. Aber nur ich kann meinen Teil sehen."

„Ich sehe auch deinen Teil", erwiderst du.

„Ja, aber nur, weil du gerne an meinen Teil anbauen möchtest, oder?"

Er hat Recht. Also setzt du dich zu ihm und fängst an, den Sand zu formen und an seiner Burg anzubauen. Doch die Muschel stachelt dich weiter.

„Warum rutschst du hin und her?"

Du erklärst, dass eine Muschel in deiner Hosentasche in deinen Oberschenkel sticht.

„Dann zieh einfach die Hose aus. Du kannst sie benutzen, um den Burggraben zu bauen", schlägt er vor.

„Aber ich bin doch kein Kind!" rufst du empört. „Ich kann nicht einfach meine Kleider ausziehen!"

„Hier ist doch niemand", erwidert er mit einem Lächeln.

Deine Hemmungen überwindend, ziehst du Stück für Stück deine Kleider aus.

„Wer ist der Besitzer dieser Burg?" möchtest du wissen.

„Gott", meint der Junge einfach.

Um euch herum wird es still. Nur das Brausen der Wellen begleitet eure Arbeit. Du bist nackt. Dein ganzer Besitz gehört jetzt der Burg. So beschäftigt mit dem Bauen der Burg, merkst du zunächst nicht, dass der Junge verschwunden ist. Und mit ihm auch sein Teil der Burg. Jetzt siehst du nur noch deinen Teil. Überrascht schaust du auf deinen Körper herunter und stellst fest, dass er sich in den Körper eines kleinen Mädchens verwandelt hat. Aus der Ferne läuft eine Frau auf dich zu. Bei dir angekommen fragt sie dich: „Gehört die Burg dir?"

2019
The Laundromat

She was sitting in the laundromat with a book, but observing the parallel universe she found herself in was significantly more interesting than passing the time with reading. The room was retro Seventies. The heater was out but the coffee from the machine for a Euro was actually drinkable and helped drive the cold from her feet. At least twenty washers and dryers were running, the air thick with a mix of chemicals and detergents. First impression of her fellow users? They seemed tired in their jeans, hoodies and sweats. A longer look at faces, body language and mimic provided better insight. An older crippled woman was taking her nylons out of the dryer and folding them with care. A heavyset, bald man washed and dried numerous blankets, then carrying the orderly stacks to his car outside. In a corner, a young man in a fleece jacket and a beanie pulled down low over his ears was passing the time with his mobile. Nevertheless, he gave her a friendly smile when she sat her laundry down next to him on the bench.

A stout, middle-aged angel with dyed blond hair pulled back in a ponytail ran this paradise of unwashed undies. No uniform accented her lush figure. Instead, she went about her business in stretch jeans and an old knit sweater. She showed her, the newcomer, how to run the machines and pay for the various services offered. She helped the older citizens fold their wash and stash them in the sacks and bags they had with them. Only the owner of the car illegally parked outside the laundromat did she kindly but firmly cast out of paradise.

Those of us from another universe ought never to forget that not everyone in our "rich" land owns a washing machine, she thought. How easily our comfort-zones could otherwise manifest into breeding grounds for prejudice.

2019
Der Waschsalon

Sie saß im Waschsalon. Das mitgebrachte Buch lag neben ihr, denn das gebotene Paralleluniversum war viel zu spannend, um die Zeit mit Lesen zu vertreiben. Die Heizung schien nicht zu funktionieren und der Raum, Retro siebziger Jahre, war kalt. Doch der Kaffee für einen Euro aus dem Automat war sogar trinkbar und half, die Kälte aus ihren Füßen zu vertreiben. Mindestens zwanzig Waschmaschinen und Trockner liefen, die Luft durchtränkt von einem Gemisch aus Chemie und Waschpulver. Und der erste Eindruck vom Publikum? Müde wirken die Menschen in ihren abgetragenen Jeans, Hoodies und Jogginghosen. Ein längerer Blick auf Gesichter, Körpersprache und Mimik offenbarte allerdings mehr. Eine alte, gehbehinderte Frau holte ihre Nylon-Strumpfhosen aus dem Trockner und legte sie mit Bedacht liebevoll zusammen. Ein dicker, glatzköpfiger Mann wusch und trocknete unzählige Decken, die er anschließend ordentlich stapelte und in sein Auto trug. In einer Ecke vertrieb sich ein junger Mann in Daunenjacke die Zeit mit seinem Handy, die Pudelmütze weit über seine Ohren gezogen. Doch ihr wurde ein freundliches Lächeln geschenkt, als sie ihre Wäsche neben ihn auf die Bank legte.

Das Reich der ungewaschenen Schlüpfer wurde von einem Engel mittleren Alters geführt. Das lange, blondierte Haar trug sie zu einem Pferdeschwanz zusammengebunden. Keine Uniform schmückte ihre molligen Kurven, stattdessen ging sie ihren Pflichten in Stretch-Jeans und alter Strickjacke nach. Sie zeigte ihr, dem absoluten Neuling, wie die Bedienung und Bezahlung der verschiedenen Vorgänge funktionierte. Älteren Menschen half sie ihre Wäsche zusammenzulegen und in den mitgebrachten Säcken und Tüten zu verstauen. Nur der unerlaubte Parker vor dem Salon wurde von ihr höflich, aber bestimmt, aus dem Paradies vertrieben. Wir, aus einem anderen Universum, dürfen nicht vergessen, dass nicht alle Leute in unserem „reichen" Land eine Waschmaschine besitzen, dachte sie. Wie leicht könnten sonst Komfortzonen Brutstätten für Vorurteile werden.

2024
Groß und Klein

Es war einmal ein junger Elefant. Die Mutter brachte ihm bei, was seine Aufgaben waren und wie er in der Welt zurechtkommen konnte. Nur eine Sache verstand er nicht. Sowohl die Mutter wie auch alle anderen erwachsenen Elefanten in der Herde hatten eine panische Angst vor Mäusen. Ständig warnten sie das Jungvolk vor den kleinen Nagetieren. Einmal unterwegs, stieß die Herde auf ein Mäusenest. Panik und Chaos brachen aus. Einige Elefanten verletzten sich in dem Durcheinander sogar selbst. Der junge Elefant aber überlegte daraufhin: Eine Maus ist sehr klein. Zugegeben, auch sehr flink. Eine Maus könnte auf mein Bein hochkrabbeln und mich vielleicht kitzeln oder sogar versuchen, mich zu beißen. Aber meine Haut ist sehr dick. Würde ich sie überhaupt spüren, wenn sie dort wäre? Zugegeben, die Vorstellung, dass eine Maus auf mir herumkrabbelt, ist nicht sehr angenehm. Doch die Vorstellung, von einem Tiger angegriffen zu werden, löst bei mir wesentlich mehr Angst aus. Und wie sieht die Maus mich? Ich bin tausende Male größer als sie. Bedeutet das nicht, tausende Male bedrohlicher? Würde ich einem Tier begegnen, was im Verhältnis so groß wäre, wie ich für die Maus, hätte ich null Interesse, auf diesem zu krabbeln oder es zu zwicken. Ich würde nur wegwollen. Aber, überlegte der kleine Elefant weiter, ich bin sehr neugierig und vielleicht ist es die Maus auch. Was könnte passieren, wenn wir beide aufeinander neugierig wären? Wäre sie vielleicht von meinem Rüssel fasziniert, so, wie ich von ihren winzigen rosigen Ohren? Würden wir vergnügt unsere Haut, meine wie Baumrinde, ihre wie Seide, gegenseitig berühren wollen? Würde ich nicht gerne so herumwuseln, wie sie es tut und sie so groß sein, wie ich? Doch solange die Erwachsenen sie mir als gefährliche Feindin vermitteln, können all diese Fragen keine Antworten finden. Warnen die Mäuse ihre Kinder auch vor uns? Ehrlich gesagt haben sie mehr Grund dazu, denn ich kann eine Maus mit meinem Fuß zu Tode trampeln. Das ist real. Was eine Maus aber mir schaden kann, scheint nur Einbildung zu sein. Und aus Einbildung entsteht Angst. Das nächste Mal, dachte er, wenn wir auf ein Mäusenest treffen, werde ich nicht wegrennen, wie die anderen. Ich werde mich ruhig hinlegen und warten. Vielleicht krabbelt die eine oder andere Maus an mir hoch. Vielleicht werden wir Freunde.

2024
Schrödingers Katze

Es gab einmal ein rundes Haus, gebaut aus den Hölzern aller existierenden Bäume. Von außen betrachtet bestand es nur aus Türen. Jede Tür war bemalt und geschmückt mit fantastischen Schnitzereien: Tiere, Sterngebilde, Landschaften, himmlische und teuflische Figuren. Es gab Türen, welche einen dunklen Reiz ausstrahlten. Andere wirkten hell und lichtdurchlässig. Allen Menschen stand es frei, die Tür für sich zu wählen, die sie am meisten anzog.

Hinter jeder Tür öffnete sich ein Gang, der nur eine kurze Strecke des Weges bis zur nächsten Biegung zeigte. Manchmal war die Biegung enger oder breiter, höher oder tiefer. Treppen gab es nicht, obwohl der Pfad sich nach unten oder nach oben neigen konnte. Manchmal kreuzte der Gang die Gänge anderer Menschen, doch mit der Wahl der Tür war der Gang des Einzelnen bestimmt. Die Frage, ob der Mensch die Tür wählte oder die Tür den Menschen, blieb offen. Das Haus war jedoch kein Irrgarten, es war ein Labyrinth.

Die Geburt ist die Tür und jeder Atemzug bis zum Tod das Beschreiten des eigenen Ganges. Ob unter dem Mikroskop oder im größten Sonnensystem, Labyrinthe münden dort, wo alles zusammenkommt. Warum und wann sich auf dem eigenen Pfad Licht oder Dunkelheit, Höhen oder Tiefen, Tod oder Lebendigkeit manifestieren, wird nur Mystiker:innen und Wahnsinnigen offenbart. Doch gehen auch wir in Dankbarkeit Schritt für Schritt weiter, im Wissen darum, dass hinter der nächsten Biegung schon Schrödingers Katze auf uns warten könnte.

Gifts

2005 – 2023

Stille Glaube Paint Heart OK, Emulsion auf Styrodur

Fragmente

Mystiker und Wahnsinnige. Grenzgänger. In jeder Person lebt das Potenzial, sich in das Andere zu verwandeln. Doch die Mystik liefert sich dem ES freiwillig aus, während der Wahn ein Gefangener des Egos bleibt. Demut oder Stolz, uns ist die Wahl geschenkt, welche Richtung wir einschlagen. Das Faszinosum der eigenen Person ist ein tödlicher Kreis. Trotz Furcht und Bange die Zügel zu übergeben und sich vom ES leiten zu lassen, eine Spirale. Ob sich die Spirale nach oben, nach unten, nach links oder nach rechts bewegt, liegt nicht in unserer Hand.

cut

Ein Wort zu meiner Katze. Fini ist weich, warm, lebendig und anhänglich. Sie grübelt nicht über die Gelassenheit, sie ist die Gelassenheit. Eine alte Theorie von mir: Haustiere und Zimmerpflanzen retten die Welt. Natürlich nicht allein, doch wird ihre Rolle gänzlich unterschätzt. Dazu würde ich auch Stofftiere und Fahrräder zählen. Spatzen stehen ebenfalls ganz oben auf der Liste.

Unterhalb der Tastatur, ausgetreckt und vollkommen entspannt, schläft Fini auf meinem Schoß. Sie wärmt mich. Soll ich auf ihre Nähe verzichten, weil sie sterben könnte? Parole Nummer Eins: Nicht und niemals Beziehungen vermeiden! Nicht und niemals die Traurigkeit siegen lassen! Rettung ist immer nur eine Armlänge entfernt. Sehende müssen wir aber dafür werden, Sehende.

cut

Sein und Tun: Nicht Gegensätze, Verliebte. Seintun ist Tunsein.

Künstler, Matrosen, Wahnsinnige und Genies: von Kitsch und Romantik umwoben, bewundert, gefürchtet, gekreuzigt. Mit Recht, denn sie sind die wahren Anarchisten, die wahren Zeitsprenger.

Wo würde sich Fürst Myschkin in der heutigen Zeit aufhalten? Auf der Müllhalde oder im Silikon Valley? Nur zu gerne würde „das Kapital" alles Außergewöhnliche für seine Gewinnzwecke domestizieren. Urkräfte aber sind gewaltig und nicht zu zähmen. Internierst du sie und wirfst den Schlüssel weg, wirst auch du verloren sein.

cut

Lese „Halluzinationen" von Oliver Sacks: die Geheimnisse des Gehirns, wie es mutiert und adaptiert. Sacks hat die Sicht des Neurologen in Kombination mit einem offenen Herzen, welches die Weite der Wahrnehmung nicht zu definieren braucht. „Krankheit als Weg" ist ein Kalenderspruch geworden und geht uns allen viel zu leicht über die Lippen. Das wirkliche Erkennen, dass Krankheiten Erfahrungsressourcen bedeuten können, ist eine lebenslange Aufgabe. Saulus ist vom Pferd gefallen und wurde Paulus. Epilepsie? Jeanne d'Arc bewegte eine ganze Nation, weil sie den Stimmen, die sie hörte, folgte. Schizophrenie oder ebenfalls Epilepsie? Teresa von Avila verfiel ständig in Zuckungen und Ohnmacht. Hysterie? Heutzutage meinen Medizin und Wissenschaft ihre „Krankheiten" einkreisen zu können. Doch ist es nicht wichtiger hinzuschauen, was die beschriebenen Personen mit ihren Krankheiten bewirkt haben?! Sind wir nicht dankbar für eine Helen Keller oder eine Bertha Pappenheim? Dostojewski war Epileptiker, Beethoven taub, Sylvia Plath bipolar... wie wertvoll sind die Bilder von Willem de Kooning nachdem er mit Alzheimer diagnostiziert wurde? Und wie viele Menschen weltweit, in Einrichtungen vor sich hinvegetierend, versorgt, doch nicht gewürdigt, bereichern uns in diesem Augenblick?

cut

Die Menschenwürde als Summe aller Grund- und Menschenrechte. Highlights davon: die Zehn Gebote, der Kyrol-Zylinder, die Bergpredigt, der Koran, die buddhistische Ethik, die Magna Charta, das Habeas Corpus, die amerikanische Unabhängigkeitserklärung, die Französische Revolution und ihre Erklärung der Menschen- und Bürgerrechte, Artikel 1 des deutschen Grundgesetztes, die Vereinigten Nationen, Terres des Femmes, Amnesty International, Aristoteles, Seneca, Thomas von Aquin, Bartolomé de Las Casas, Jean-Jacques Rousseau, Immanuel Kant, Sojourner Truth, Rosa Luxemburg, Mahatma Gandhi, Jane Addams, Dag Hammarskjöld, Martin Luther King, Aung San Suu Kyi, Tenzin Gyatso, Nadja Murad... die Spitze des Eisberges von geschichtlichen Ereignissen sowie einzelnen Personen, welche allesamt gewaltfrei handelten. Gewaltfreiheit. Die einzig tragende Basis für die Menschenwürde.

cut

Ich sitze am Rechner. Die Katze schläft auf meinem Schoß, der Kaffee ist noch warm und draußen bricht die Sonne nach vielen dunklen Tagen durch. Nicht nur auf Tabor oder unter dem Bodhi-Baum ist Gottesgewandung zu erleben. Hier und jetzt, beim Einkaufen, ja, letztendlich sind alle Orte heilig. Kann man den Wahn, die Visionen des Epileptikers, die Stimmen des Schizophrenen als zu viel Gottesgewandung interpretieren? Ist es nicht eher der Fall, dass zu wenig davon die Norm zu sein scheint? Zugegeben, die Begegnung des selbst mit dem Selbst, mit dem „ES", kann erschrecken. Früher sprach man von „Gottesfurcht".

Bin ich noch nicht in der Lage, so viel Gottesgewandung zu rezipieren, fährt der Körper runter. Die Depression wird als schädlich diagnostiziert. Dabei ist sie der Ort der Wüste, der Reinigung, der Verjüngung. Das Geschenk des Aushaltens offenbart ihre geheimnisvolle Heilkraft. Wichtig ist nur das Gehen: die nächste 60 Grad Wäsche, jemanden anrufen, das Warten an der Bushaltestelle. Alles Weitere offenbart sich zu gemäßer Zeit. Nicht die chronologische Zeit. Die göttliche Zeit. Die einzige Zeit.

cut

Sieben Todsünden? Ich zähle eine achte dazu: die Bewertung. Vergleiche, Einbildungen, „Kopf-Kino", alle fallen unter diese Kategorie und führen wie die anderen zurück zur Superbia (Hochmut), der Königin der Todsünden. Stolz ist der große Verführer, der Katalysator des Nichtwissens, des Nichtfühlens, des Nicht-Lebendig-sein. Stolz entführt mich weg von mir selbst, vom Nächsten und auch vom Unnennbaren. Stolz trägt viele Gesichter und versichert die Nichtbegegnung mit der Gottesgewandung. Menschen, die zu viel von sich halten, können Massenmörder werden. Stolz tötet den innersten Kern meiner Menschlichkeit, nämlich, meine Fähigkeit zu lieben.

„The only way to be happy is to love. Unless you love, your life will flash by. "
The Tree of Life (film)

cut

Wo bin ich, wenn ich nicht hier bin? „Ich bin da, aber woanders" habe ich mal ein Bild genannt. Switchen. Hier, da, dazwischen. Wahn kann die Überdosis sein, der goldene Schuss der Wahrnehmung. Er ist aber auch die Verheißung. Was wünscht sich der Drogenabhängige so sehr, dass er die letzte Nadel riskiert? Erleuchtung. Wahn ist die gleiche Sehnsucht und der gleiche Trugschluss. Doch wie wird aus der Sucht Sehnsucht? Fake/Echt: Sucht frisst, saugt, leert. Sehnsucht trägt, ernährt, schenkt. Sucht besitzt, Sehnsucht kommuniziert. Sucht ist Synthetik, Sehnsucht Seide. Die Sucht will die Sehnsucht, doch das Wollen ist dazwischen. Ich kann nicht das, was reines Geschenk ist, wollen. Ich kann aber bejahen, dass ich ES will, in welcher Form auch immer, denn die Form bestimmt der Schenkende.

cut

Gegenden prägen. Hätte Edvard Munch „Der Schrei" gemalt, wäre er in Spanien zur Welt gekommen? Brecht brauchte die Großstadt, Aitmatow die Steppe. Und was ist mit Herkunft, Familie, Freundeskreis, Armut, Reichtum, Gesundheit, Krankheit, Liebe, Hass, Bildung, Gewalt, Religion, Politik, Gender, Beruf, Anerkennung, Ablehnung… wer von uns kann behaupten, wirklich „frei" zu sein? Oder besser gesagt, warum würde ich das überhaupt behaupten wollen? Ich will in Beziehung gehen, mich von anderen bereichern und inspirieren lassen, meine Einsichten in Frage gestellt bekommen. Hildegard von Bingen und Ingeborg Bachmann umarmen! Mozart und Janis Joplin! Pisanello und Nam June Paik! Greta Thunberg und Etty Hillesum! Joanne K. Rowling und Quentin Tarantino! Die Bergpredigt, den Koran, den Ozean und die Wüste! Das wildwuchernde Rucola an den Rändern von Asphalt-Parkplätzen! Aldi und die Oper! Viva l'exubérance!

2006
Depression

Endless, terrible timelessness, the mind an abyss, her body a corpse. Being kept, fed. A bed, a room, a roof. Surviving on cigarettes and the fetal position, consumed by a single thought: The desire to no longer be. Daymares, nightmares. No self to hold onto. Brute force kept her breathing, moving through the sticky, treacherous ticking of the minutes, the hours, her only touching stone the tabu: You cannot take your life. You have children.

Many reach out. Some break the barrier, if only for a brief moment. She is a sieve. Prayers, a kindness…all slip through the mesh. She bows her head in shame, for she cannot fulfill the wishes of others who tell her who she is but it was not how she is.

Discipline, the saving grace. She forces herself: Get out of bed, brush your teeth, sweep the floor, pull weeds. An hour doing, then cigarettes and again bed. There is no ego in this joyless state, but as such, something else takes over. You breathe, eat, shit, scream and inhale tar while this something else keeps you alive. Suffering is not punishment, only consequence. Remorse heals, blame does not. Facing up to mistakes and with time letting them go can relocate the hell in you, transform it.

No door, no revelation, pulled her out of the snake pit. She couldn't even trace the move from black to grey to blue. But she kept course and in the process found herself more and more willing to allow the something else she could neither feel nor control, heal her: The ES. The Other. The Embrace.

2006
Bipolar

No glasses. Letters she could not decipher after writing. Signs, only signs. Not to be read, to be eaten with partial vision, the pen on the paper. The changing, only the changing, the knowing of the not, of the room, of things, colors, sounds. Bedridden. Movement pain, her body demanding to stay still. Waiting, feeling, thinking thoughts yet to manifest onto the page. Automatic writing, automatic drawing, automatic being. She had to find the salto, the move to the Other, to the ES.

How great is my universe, she pondered. What would it's circumference be if I were paraplegic, deaf, blind or manic? Manic she knew. Mania = more, much more, sinking into the more Moor. Not borderline, overboard. Multidimensional, multi-wacko, multi-mucho. On the other side of the cutting edge, one sees things. The ordinary becomes the extra-ordinary. She watches people enter McDonald's, stand in line at the counter, eat their lunch, yet a sense of communion und consensus, of balance, permeates the air.

Astonishment. Thankfulness. You realize you have slipped into the other space. The space that has always been there next to ours. The natural space we are meant for. There is nothing you want more, than for the others to move into this space. So you dance for them. You take on spiritual tasks, offer mind and body to become the portal, the opening. Yet the closer you move to the heavens, the weaker you become, the more alone. The distractions, the stress tears at you, pulling you back. You want to explain your mission to those less privileged. The more you try the less they understand. And they become afraid of you, afraid of your emanation. They force you back into the straight jacket of their reality, saying it is for your own good. Tied down, they rack your brain with shock, erase the place you have been, defining it as madness. When all the methods have been enacted, all the pills tokened out, you are left blank, empty. No home, neither here nor there.

2008
Letter to a Friend

My dear friend,
in semi-sleep, recovering from the ordeal of having several teeth pulled, this vision came to me:

I am on a high hill, looking down on a village nestled between smaller hills. The houses seem similar yet as I come closer, I see that each house bears your face. All the doors of the houses stand open, so I walk through several. One house is light and airy with the feel of youth. Another is electric with joy--a birth, falling in love? Dark houses, while dignified, emit pain and loss. In each house stands a plain wooden table with a pitcher of water and some bread for the visitor.

At the end of the village is a larger house covered in blue shingles glistening in the sun. A woman and a boy in his teens are sitting in front of the house. An older man is repairing a windowsill. The door to this house is shut.

"Michael has not yet been in this house," the woman tells me. "But when the time comes he will cross the threshold without fear. Until then he has much living and loving to do and more houses will come into existence."

"Have you enjoyed your stay?" she asks. "Did you visit the house of his children and the house of his wives, the house of his vocation, his vision?"

"Yes," I tell her, "and I found my place in the house of the friends. It is a most amazing house full of old stuffed chairs and comfortable corners to spend time together."

"And why are you here?" I ask her.

"My husband, my son and I are the caretakers of this house. We give many comfort. We don't really live here, but then again, we do. This is the only house with a front and a back door. When Michael goes through the front door, he will come out the back, which will again be the front. Remember, the last shall be the first."

"So you can go through the house?" I ask her. (To be honest, I would have asked her anything just to go on hearing her melodious voice.)

"Oh yes," she replies, "we can pass back and forth, but only our son came here to stay for a time. He let people know what love is."

I gaze into the beautiful eyes of the boy smiling at me. Strange, I muse, he looks like Michael.

"Do you think so?" says his mother, as if reading my words. "I think he looks like you, too."

I miss you, and then again, I guess I am a part of you. As the story goes...

Vision
Ash-Wednesday, February 25th, 2009

I am on a beach. Higher up on a dune I see a great table, the size of which I cannot grasp. The table is carved from many types of wood that weave and work together. The chairs are built of all the substances found on, in, above and below the earth: metal, glass, wood, plants, stone, even water and clouds. Through a lush, jungle-like garden, where lions wander with lambs and snakes curl lovingly around hedgehogs, a small path leads upwards to the table.

Far across the waters, a ship with four masts is approaching. Hardly have the great masts appeared on the horizon, as other ships become visible. Spellbound I watch the masts moving and swaying forward like a great forest. Behind me, at first unnoticed, guests are arriving at the table: Those I have loved, both living and dead, take their seats. As I turn to run to them, a voice bids me to wait.

It is then I realize I am standing in a doorframe. I stretch my arms to touch the sides of the frame and in doing so my body takes on the form of a cross. The frame is rough and full of sharp, rusty nails that tear at my flesh. My hands and feet are bleeding. Senses reeling, I watch red blood dripping onto the warm sand.

It is then I feel His presence. He moves behind me into the exact same position as mine. His blood mixes with my blood. I know this is death. I turn to Him and we kiss the eternal kiss. He lifts me up and carries me to my Foremothers and Fathers, to Simone and Etty, to Philipp and Teresa. I take my place at the table and the cerebration commences. He never leaves my side and yet I see Him again on the beach. The ships land and in joyous awe, I watch Him stand behind every person, friend or foe, in the doorframe. They too, kiss and he carries them one by one to the table.

We break bread and drink wine with Him. And become Him.

2011
Godwomb

There was this memory. She was three at the most and had fallen asleep, cuddled up on the dusty plush upholstery in the backseat of their old Chevy. Into her dreams comes the slow awareness of the car pulling into the alley behind the house. The turn of the key silencing the motor.

Their father was a builder, his body a reflection of his trade: muscular, powerful. He scoops her up with his great hands. In her semi-sleep state the light sway of his steps, the protection of his arms, his smell, his strength, form a manly womb carrying her to her small bed.

What is childhood? Is there truth in memory? Is it relevant? Her spiritual space were those loving arms of her father, a crack in the wall returning her to paradise. Many perilous and frightening experiences were to come, misuse and wrong decisions. Still, she chose this memory.

Our lives reflect the nesting of our childhood. The small inner egg is the child-core. Passing time adds layers to layers. Only the child-core remains whole. Beyond and encompassing all our nesting is the cosmic bell glass, the Glasglocke, as seen in the metaphor of his hands, scooping up all the negative and positive energy. Transforming it into to godly grace.

We are imbued in this Godwomb, as she was imbued in the workman's arms of her father. She believed this for a fact, having encountered joyous individuals who had endured war and trauma in their early years. Through mercy and for reasons we may never understand (for what is understanding?), they kept one small light in the darkness of their childhood burning.

2015
Bonds and Grace

We are needy. Hungry for attention and affection. So we bond with people, places and expectations, not always aware, when power bleeds into the equation. The wise, the enlightened, those through time seeking God warn us as to how this mutation leads to addiction. When they refer to abstinence, they do not mean one must give up bonding entirely, but to watch for the pitfalls. Neoliberalism has little use for ethical terms such as abstinence or conscience. Freedom of the individual is the mode of the day, but freedom from what and for what not always clear. If freedom bonds to power, if a person, a religion, a state forces me into their corset, disaster is inevitable.

And yet, a freedom exists allowing bonds to flourish. Individuals transformed by this freedom have always been present in our cultures and religions. No matter the hardship, they remain free and blessed. It is the freedom of grace, of service, of the Golden Rule. Or, as Aristotle put it: "Do good and you will be you."

Their works, their inspiration is the bond keeping our world afloat.

2015
Bindung und Gnade

Wir sind bedürftig, brauchen Anerkennung und Zuneigung. Daher binden wir uns an Menschen, Situationen und Erwartungen, merken aber nicht immer, wenn Macht sich einschleicht. Alle Weisen, alle Erleuchteten, alle Gottessucher:innen seit Anbeginn der Zeit, bezeichnen diese Mutation der Bindung als Sucht. Sprechen sie dann vom Verzicht, meinen sie nicht den grundsätzlichen Verzicht auf Bindungen, sondern, dass wir achtsam vor der Gefahr durch Verstrickungen bleiben. Worte, wie „Verzicht" bzw. „Gewissen" genießen in Zeiten des Neoliberalismus keine Hochkonjunktur. Freiheit dagegen schon, doch Freiheit von wem und zu welchem Zweck ist nicht immer klar. Wenn Macht involviert in Bindungen ist, wenn eine Person, eine Gruppe, eine Religion, ein Staat mich in ihr Korsett zwingen will, ist das Desaster unausweichlich.

Dabei existiert eine Freiheit, welche wahrhaftige Bindungen ermöglicht. Individuen, die durch diese Freiheit verwandelt wurden, sind in all unseren Kulturen und Religionen immer gegenwärtig gewesen. Welche Unterdrückung und Leid sie auch erleben, innerlich bleiben sie frei und glückselig. Es ist die Freiheit der Gnade, des Dienens, der goldenen Regel. Oder, wie Aristoteles es ausdrückte: "Do good and you will be you."

Ihr Wirken, ihre Inspiration, ist die Bindung, welche die Welt zusammenhält.

Silence
Diary December 23rd 2017

C

Silence is upon the city.

G

Silence is a special form of nourishment. It looks beyond, reveals the Coming: the Silence of the grave, the great Silence, the eternal Silence. Silence is the waiting. Advent is the Silence. The space between breathing out and breathing in is the Silence. The time before the child's first cry at birth and following man's last cry at death. Come into my cave, my love, full of sculls and pacifiers, garbage and diamonds. Seek the Silence inbetween. I live in this space. There we meet.

Die Stille
Tagebuch-Eintragung 23. Dezember 2017

C

Stille liegt auf der Stadt.

G

Die Stille ist eine besondere Art der Nahrung. Sie sieht darüber hinaus, offenbart das Kommende: die Stille des Grabes, die große Stille, die ewige Stille. Stille ist das Warten. Advent ist die Stille. Die Pause zwischen Ein- und Ausatmen ist die Stille. Die Zeit vor dem ersten Schrei des Neugeborenen und nach dem letzten Schrei des Sterbenden. Komm in meine Höhle, Geliebte, geschmückt mit Schädeln und Schnullern, Abfall und Diamanten. Suche die Stille dazwischen. Dort wohne ich. Dort begegnen wir uns.

2023
The Awe

The Awe was. And the Awe inhabited the body. And the Awe in the body communicated with other bodies of Awe via the language of the body. And the body developed rituals of dance, prayer and song to give praise to the Awe in themselves, in the animals, in nature. Only then, only after this, did man begin to record the Awe. First came the cave drawings, made from the pigments of the earth. Then the word and the note, written on leaves and parchments. The pyramids were built for the Awe. It is the Awe we experience when we behold the drawings of da Vinci, hear Mozart's Te Deum, read the Bhagavad Gita.

The Awe thrives in the plants and the stars, the elephants and the sea. And in those who honor her. And the Awe has a secret power, hidden deep in the DNA of only we humans: The power of choice.

What is your choice?

2023
Das Staunen

Das Staunen war. Und das Staunen bewohnte den Körper. Und das Staunen im Körper sprach mit anderen Körpern des Staunens, durch die Sprache des Körpers. Und der Körper entwickelte Rituale des Tanzes, des Gebets und des Gesangs, um das Staunen zu preisen, in sich selbst, in den Tieren, in der Natur. Erst dann, erst danach, begann der Mensch, das Staunen festzuhalten. Zuerst kamen die Höhlenzeichnungen, gemalt mit den Pigmenten der Erde. Dann das Wort und die Note, geschrieben auf Blättern und Pergament. Die Pyramiden wurden für das Staunen erbaut. Es ist das Staunen, das wir erleben, im Angesicht der Zeichnungen von da Vinci, wenn wir Mozarts Te Deum hören und die Bhagavad Gita lesen. Das Staunen pulsiert in den Pflanzen und den Sternen, in den Elefanten und dem Meer. Und in denen, die Sie ehren. Und das Staunen hat eine geheime Kraft, tief in der DNA von nur uns Menschen verborgen: Die Kraft der Wahl.

Was ist deine Wahl?

Acknowledgements

The person I have to thank the most for making this book possible in turbo time is my daughter Elisabeth. Elisabeth is a dedicated feminist, social worker, wife and mother of my grandson Anton. She is presently studying to become a child therapist. Yet in spite of her busy life, she always finds time to help me with my projects. Elisabeth corrected and edited all the German texts in "Blütenlese".

Thank you, daughter of my heart.

And thanks to Marlene and Stella for the finishing touches!

And of course to you, dear Rosemarie, for the layout!

Dank

Meine Tochter Elisabeth ist die Person, die es überhaupt möglich gemacht hat, dieses Buch in Turbo-Zeit fertig zu kriegen. Elisabeth ist überzeugte Feministin, Sozialarbeiterin, Ehefrau und Mutter meines Enkels Anton. Zurzeit studiert sie weiter mit dem Ziel, Kindertherapeutin zu werden. Trotz der Fülle ihres Lebens, findet sie immer Zeit, mich bei meinen Projekten zu unterstützen. Für „Blütenlese" korrigierte und lektorierte sie alle deutschen Texte.

Danke, Tochterherz.

Danke auch an Marlene und Stella für den letzten Schliff!

Und natürlich ein großer Dank an Dich, Rosemarie für das Layout!

Candace Carter, born in 1951, spent her childhood and youth in the Midwest of the USA. She came to Germany at the age of nineteen and studied Fine Arts at the Hamburg Art Academy. After school, she moved to Karlsruhe and has since lived and worked as a free-lance artist in the region. Candace Carter was married to the painter Tutilo Karcher. Her husband died in 2019. Together they have two children, Elisabeth and Robert and one grandson, Anton Tuto.

Candace Carter, geboren 1951, verbrachte ihre Kindheit und Jugend im Mittleren Westen, USA. Mit neunzehn Jahren siedelte sie nach Deutschland über und studierte Freie Kunst an der Hamburger Kunstakademie. Nach dem Studium zog sie nach Karlsruhe, wo sie seit über vierzig Jahren lebt und in der Region als freischaffende Künstlerin tätig ist. Candace Carter war verheiratet mit dem Malerkollegen Tutilo Karcher. Ihr Mann starb 2019. Zusammen haben sie zwei Kinder, Elisabeth und Robert und einen Enkel, Anton Tuto.